초신자와 평신도를 위한

알기 쉬운 욥기 해설

초신자와 평신도를 위한

알기 쉬운 욥기 해설

| 허량 지음 |

예찬사

서론

욥기는 구약 성경의 지혜 문학서 가운데 으뜸가는 문학서이다. 그러나 우리 일반 성도들이나 초신자들이 목회자나 주석서, 강해서 등 전문 서적의 도움 없이는 이해가 쉽지 않다. 우리가 쓰는 성경은 서기 1900년 전후에 번역되었기에 많은 한자어와 현재에는 잘 쓰이지 않는 언어들이 많이 있어서 이해가 어렵다.

욥기는 전반 처음 일부와 마지막 42장에서 산문체로 쓰여 있고 나머지 중간 부분은 운문체(시문)로 쓰여 있어서 시의 언어가 가지는 상징성과 함축성 때문에 쉽게 이해되지 않는 문장들이 많이 있다.

욥기는 주인공 욥의 이름을 따서 붙여졌다. 욥은 우스 땅에 사는 이방인이었고 세 친구들도 이방인임을 알 수 있다. 시대적 배경이나 연대는 정확히 알 수 없으나 모세 이전의 족장시대일 것으로 추정하기도 하고 일부 학자들은 아브라함이나 그 이전 족장시대로 추정하기도 한다. 욥기 내용에서 철기 문화가 일부 나타나는 것으로 미루어 보아 청동기 시대인 아브라함 전후가 아니라 그 이후로 추정하는 것이 타당할 것으로 생각된다.

욥기의 저자는 알려져 있지 않으나 욥 자신이거나 족장시대의 역사와 문화를 담고 있다는 점에서 모세로, 잠언 8장과 유사한 내용을 담고 있는 것으로 미루어 솔로몬으로, 또 문체가 유사하다는 점에서 예레미아로, 시편 88편의 저자인 헤만 등으로 추정하나 확실하지가 않다.

그러나 인간의 고난문제를 문학적으로 표현할 수 있는 능력을 가진 지성적이고 철학적인 단일 저자라는 점은 확실하다. 그러나 욥기 32장부터 37장까지 예상치 못한 엘리후가 등장하는데 엘리후라는 이름은 다윗시대에 흔히 쓰이던 이름으로 어떤 학자들은 32장부터 37장까지는 후세에 써져서 첨부된 것으로 추정하기도 한다.

욥기의 기록 목적은 고통이 반드시 죄에 대한 하나님의 진노의 표현이 아니라 하나님이 이 세상을 다스리는 섭리의 방편이기도 하다는 사실을 보여 준다. 그리고 고통 가운데서도 하나님을 신뢰하며 찬양하는 자세의 가치를 밝히기 위하여 이 세상의 역사와 인간의 생사화복이 하나님의 주권에 따라 움직임을 보여 주고 있다.

목차

들어가는 글

"무지한 말로 이치를 어둡게 하는 자가 누구냐(욥 38:2)"

하나님의 이 말씀은 욥뿐만 아니라 현재 우리에게도 주시는 준엄한 말씀이다.

내가 여태껏 알고 행하던 관습적 지혜 또 전승적 지혜가 진실로 하나님이 우리에게 말씀하시는 진정한 지혜인지 깊이 돌이켜 생각할 필요가 있다.

우리들이 가지고 있는 기존의 관습적인 신앙은 삶의 막연한 불안감의 해결과 현실적인 안정을 원한다. 그러나 이러한 현실 안주가 하나님께서 우리에게 바라는 바는 아닐 것이다. 하나님은 막연한 종교적 행위가 궁극적인 구원이 아님을 욥기를 통해서 깨닫게 하신다.

성도는 하나님께 전적으로 순종하여야 한다. 하나님의 말씀이 나의 삶에 주는 교훈과 훈계를 따르는 것이 순종하는 길이다. 그러나 말씀에 순종함은 무엇을 어떻게 순종하여야 하는지 구체적으로 이해하기 어려울 수 가 있다. 애매모호한 말씀에 대한 순종은 우리를 맹종에 빠지게 할 수 도 있다.

우리가 욥기를 통해서 알아야 할 것은 무조건적인 순종이기 보다는 말씀의 이해가 필요하다. 자신의 기존 관념 즉 관습적인 믿음에 순종하는 것이 아니라 본질적인 하나님의 진리를 추구하는 일이다. 물론 하나님의 말씀에 순종하는 태도를 버리라는 의미가 아니라 오히려 하나님의 말씀 앞에서 자신의 종교적 기존관념이나 관습적인 관념을 버리고 진정으로 순수한 태도로 하나님 앞에 나아가자는 뜻이다.

믿음이란 명목으로 자신의 이성을 희생하는 것이 아니라 믿음과 자신의 이성이 합하여 하나님 말씀을 깨닫고 행하는데 힘써야 한다.

욥기를 포함해서 성경은 계시의 말씀이다. 하나님의 말씀을 기존 교리나 개인적인 체험의 가리개로 자신을 가리지 말고 종교적 선입관을 배제할 때 말씀이 있는 그대로 감추어진 진리의 말씀을 보여 주실 것이다.

욥기 해설을 쓸 수 있도록 길잡이가 되어주시고 저서에서 많은 부분을 발췌할 수 있도록 허락하고 도와주신 안근조 교수님께 깊은 감사를 드린다.

욥기는 이해가 쉽지 않은 난해한 책입니다.

적지 않은 욥기 주석이나 해설서가 있지만 난해성은 그대로 있습니다. 그래서 평신도들의 경우 읽지도 않고 읽기를 포기하기도 합니다.

그런 책에 허량 원장님이 도전장을 내셨습니다.

목적은 단순하게 이 책 읽기에 도움이 되고자 하는 것입니다.

이 책의 해설에 우리가 모두 동의하지 못하는 부분도 있을 것입니다. 그러나 이 해설서로 우리가 욥기에 가까워 질 수 있다면 이 책의 참 저자인 성령 하나님도 기뻐하실 것입니다.

요즘처럼 코로나의 골짜기에서 방황하고 고난당하는 모든 이들에게 이 책은 고난에 대한 하나님의 주권에 순복하게 할 것입니다.

허량 원장님께서 평신도의 눈높이에서 연구하신 이 책이 그리스도인들의 고난의 신비를 다 납득하게 하지 못할지라도 그 고난을 넘어서서 하나님의 주권적 섭리를 수용하게 할 수 있다면 이 책은 알 수 없는 고난에 직면하여 주의 뜻을 묻는 많은 성도들에게 소중한 위로의 생수가 될 것으로 믿습니다.

욥기의 이해를 탐구하는 모든 신앙인들에게 특히 인생의 고난의 골짜기를 지나며 주의 뜻을 묻는 이들에게 욥기 해설서인 이 책의 일독을 권하고 싶습니다.

욥이 지나간 어둠의 골짜기 저 밖에서 비추는 빛을 만나시기를, 그리고 이해하고 믿는 자가 아니라, 믿음으로 이기는 자 되시기를 기도하는 마음으로 귀한 책을 추천 드립니다.

고난의 순례 동역자, 이동원 목사
(지구촌 목회리더십센터 대표)

추천의 글

목회자나 신학자들도 읽고 이해하기 힘들다고 알려진 욥기에 집사님이 도전하여 책을 펴냈습니다. 매우 뜻 깊은 일이고 축하해야할 입니다. 치과병원을 운영하시며 환자를 돌보는 중 틈틈이 여러 한글번역판들을 대조하며 욥기를 읽고 또 읽었다고 합니다. 여러 영어 번역판도 참고하면서 욥기를 수 없이 읽고 묵상을 반복한 결과라고 합니다. 비록 히브리어 원문에 기초한 연구는 아니지만 주석서와 참고도서를 참조하며 한 절 한절의 의미를 되새기고 전체적인 메시지를 탐구한 결과물이 이 책이라고 합니다. 그래서 그런지 이 책의 내용에는 원장님의 한 땀 한 땀 정성이 스며들어 있습니다.

내용은 크게 두 부분입니다. 성경본문을 한 절 한 절 이해하기 쉽게 해설하고 그 의미를 풀어냈습니다. 그리고 전체 42장을 15부분으로 나누어 그 기본 메시지를 요약하여 정리한 심층탐구편이 이어집니다. 독자들이 이 책을 읽다 보면 욥기에 흩어져 있는 퍼즐들이 맞추어져서 전체적인 그림이 나타나게 됩니다. 그것은 현실에 안주하는 신앙인이 아니라 더 새롭고 더 크고 더 아름다운 하나님의 지혜를 찾는 욥의 처절한 구도의 길이라는 것을 알게 됩니다. 좋은 것 뿐 아니라 나쁜 일도 하나님께 받은 것입니다.

우리는 때때로 세상 가운데서 하나님의 부재를 경험합니다. 실제로 고난 속에서 욥은 애절하게 하나님을 찾았습니다. 그러나 그 어디서도 하나님은 응답하시지 않으셨습니다. 그러나 욥은 끝까지 하나님의 부재를 선포하지 않았습니다. 반면에 지혜 없는 사람은 하나님이 없다고 선언합니다. 욥은 드디어 폭풍 가운데서 나타나신 하나님을 임재를 체험하고 새롭고 높은 인생의 지혜를 얻는 자리에 나아간다. 고난의 신비 속에서 끝까지 참고 견디는 성도에게 하나님의 신비가 나타나고 결국 새롭고 높은 지혜를 체득한 인생으로 다시 살게 된다는 교훈을 이 책은 독자에게 전하고 있습니다.

다음과 같은 질문을 묻는 성도들에게 이 책을 감히 권합니다.

1. 욥기에 나오는 한 절 한 절의 뜻이 너무 어려워 이해하기가 벅차다.

2. 왜 착한 사람들에게 고난이 닥치고, 악한 사람들이 잘 살아가나?

3. 하나님께서는 당신의 자녀가 고난을 당할 때 왜 침묵하시나?

4. 고난당하고 있는 사람에게 죄 값을 받는 거라고 손가락질 하는 사람들을 어떻게 대하여야 할까?

5. 하나님의 일을 하는 사람들은 꼭 고난을 통과해야 하나?

6. 보이지 않으시는 하나님께서 온 우주 만물과 생명체들을 돌보실 때 재와 티끌과 같은 나도 돌보신다는 것을 알고 싶다.

호서대학교 명예교수
이상직

제1단원
1:1-2:10

1장. 욥의 경건과 사탄의 시험

1:1 우스 땅에 욥이라 불리는 사람이 있었는데 그 사람은 온전하고 정직하여 하나님을 경외하며 악에서 떠난 자더라.

☞ *우스 땅*

에돔을 말한다. 욥과 같은 신앙인이 이방(에돔) 사람이란 사실은 편협한 유대인을 놀라게 한다. 예수님이 탄생하셨을 때 찾아왔던 동방박사들도 유대나라의 서기관들과 바리새인들보다 오히려 더 경건하였다.

☞ *온전하고*

온전이란 말은 결코 무죄를 의미하지 않는다. 사람들이 알

아주지 않아도 상관하지 않고 중심의 진실을 지키는 것을 말한다. 공동번역에서는 온전하고를 perfect로 쓰였으나 international vergion에서는 perfect가 아니고 blameless 즉 흠 없는 사람으로 쓰였다.

☞ *정직하며*

정직이란 말은 사람들에게 대하여 옳게 행함을 말하고 하나님을 믿는다는 것은 하나님에 대하여 진실을 지킨다는 것을 뜻한다.

1:2-4 그에게 아들 일곱과 딸 셋이 태어나니라. 그의 소유물은 양이 칠천 마리요 낙타가 삼천 마리요 소가 오백 겨리요 암나귀가 오백 마리이며 종도 많이 있었으니 이 사람은 동방사람 중에 가장 훌륭한 자라. 그의 아들들이 자기 생일에 각각 자기 집에서 잔치를 베풀고 그의 누이 세 명도 청하여 함께 먹고 마시더라.

사람이 먹고 마시는 것도 주님을 중심으로 해야 하는데 그렇지 못하면 쾌락을 사랑하기를 하나님보다 더 큰 죄를 범하게 된다.

- **딤후 3:4** 배반하며 조급하며 자고하며 쾌락을 사랑하기를 하나님 사랑하는 것보다 더하며,
- **딤전 5:6** 향락을 좋아하는 이는 살았으나 죽었느니라.
- **살전 5:16-18** 항상 기뻐하라 쉬지 말고 기도하라 범사에 감사하라 이는 그리스도 예수 안에서 너희를 향하신 하나님의 뜻이라.

1:5 그들이 차례대로 잔치를 끝내면 욥이 그들을 불러다가 성결하게 하되 아침에 일어나서 그들의 명수대로 번제를 드렸으니 이는 욥이 말하기를 혹시 내 아들들이 죄를 범하여 마음으로 하나님을 욕되게 하였을까 함이라. 욥의 행위가 항상 이러하였더라.

원래는 희생제사 전에 몸을 씻는 것을 말한다. 여기서는 속죄의 제사를 드려 죄를 사함 받는 것을 말한다. 이렇게 성결케 하는 것과 희생 제사를 드리는 권한이 모세시대 이후에는 제사장에게 있었고, 모세시대 이전에는 가장에게 주어졌다. 욥은 모세시대 이전의 사람이다.

☞ *번제*

모세시대 이전에 생긴 희생제사로 번제를 처음 드릴 때는 노아시대이다.

• **창 8:20** 노아가 여호와께 제단을 쌓고 모든 정결한 짐승과 모든 정결한 새 중에서 제물을 취하여 번제로 제단에 드렸더니,

☞ *매번 자식들을 위하여 번제를 드리는 욥의 행위는 과연 완전한 신앙의 모습인가?*

1장 1절에서 그 사람은 온전하고 정직하여 하나님을 경외하며 악에서 떠난 자더라.

8절에서 하나님은 그와 같이 온전하고 정직하여 하나님을 경외하며 악에서 떠난 자는 세상에 없느니라 하시면서 욥의 신앙을 인정하고 계신다.

그러나 욥은 자녀들을 위해 혹시 지었을지도 모를 죄로 번

제를 매번 드렸다. 즉 모든 삶에 있어서 흠이 없는 온전한 신앙을 볼 수 있다. 우리는 욥이 당대에 최고의 의인인 것은 사실이지만 그러나 그의 신앙 자체는 완전한 상태가 아님을 알 수 있다.

1:6 하루는 하나님의 아들들이 와서 여호와 앞에 섰고 사탄도 그들 가운데 온지라.

☞ *하나님의 아들들*

일반적으로 천사들을 의미한다.

☞ *사탄*

여기에서 악역을 맡는 사탄은 고발자이다.

☞ *사탄도 그들 가운데 있는지라*

사탄도 하나님 앞에 왔다는 것은 악역을 담당하는 고발자임을 보여준다. 그의 적대 행위도 별 수 없이 하나님이 허락하신 범위 안에서만 가능하다. 그는 하나님의 뜻을 성취하는 종이 아니고 그분의 뜻을 거역하도록 미혹하여 죄를 짓게 하며 하나님의 뜻을 거역하는 자들에 대한 징벌의 회초리로도 사용된다.

• **창 3:15** 내가 너로 여자와 원수가 되게 하고 네 후손도 여자의 후손과 원수가 되게 하리니 여자의 후손은 네 머리를 상하게 할 것이요 너는 그의 발꿈치를 상하게 할 것이니라 하시고,

• **잠 16:4** 여호와께서 온갖 것을 그 쓰임에 적당하게 지으셨나니 악인도 악한 날에 적당하게 하셨느니라.

• **마 24:24** 거짓 그리스도들과 거짓 선지자들이 일어나 큰 표적과 기사를 보여 할 수만 있으면 택하신 자들도 미혹하리라.

1:7 여호와께서 사탄에게 이르시되 네가 어디서 왔느냐? 사탄이 여호와께 대답하여 이르되 땅을 두루 돌아 여기저기 다녀왔나이다.

• **벧전 5:8** 너희 대적 마귀가 우는 사자같이 두루 다니며 삼킬 자를 찾나니.

1:8 여호와께서 사탄에게 이르시되 네가 내종 욥을 주의하여 보았느냐? 그와 같이 온전하고 정직하여 하나님을 경외하며 악에서 떠난 자는 세상에 없느니라.

☞ *하나님께서 사탄에게 욥을 주의하여 보게 하신 이유는?*

왜 하나님께서는 굳이 사탄에게 욥을 주목하여 보라고 하셨는가? 우리는 이 장면에서 욥의 고통의 원인을 사탄에게 돌릴 수 없는 이유를 발견한다. 전적으로 하나님 뜻 안에서 욥의 비극이 시작되고 있는 것이다. 우리는 아직 그 하나님의 뜻을 알 수는 없다. 그러나 욥기의 전개를 통해서 그리고 그 결론을 미리 내다본다면 욥에게 향하신 분명한 섭리가 있음을 알 수 있다. 하나님은 욥의 온전한 신앙에 대하여 시험을 시작하신다.

1:9 사탄이 여호와께 대답하여 이르되 욥이 어찌 까닭 없이 하나님을 경외하리이까?

• **요 8:44** 너희는 너희 아비 마귀에게서 났으니 너희 아비의 욕심대로 너희도 행하고자 하느니라. 그는 처음부터 살인한 자요 진리가 그 속에 없으므로 진리에 서지 못하고 거짓을 말할 때마다 제 것으로 말하나니 이는 그가 거짓말쟁이요 거짓의 아비가 되었음이라.

1:10 주께서 그와 그의 집과 그의 모든 소유물을 울타리로 두르심 때문이 아니니이까? 주께서 그의 손으로 하는 바를 복되게 하사 그의 소유물이 넘치게 하셨음이니이다.

☞ *울타리*

하나님의 보호하시는 손길을 울타리로 묘사함.

1:11 이제 주의 손을 펴서 그의 모든 소유물을 치소서. 그리하시면 틀림없이 주를 향하여 욕하지 않겠나이까?

☞ *손을 펴서*

상대방을 한 번에 쓰러뜨릴 때처럼 손을 내밀다.

1:12 여호와께서 사탄에게 이르시되 내가 그의 소유물을 다 네 손에 맡기노라. 다만 그의 몸에는 네 손을 대지 말지니라. 사탄이 곧 여호와 앞에서 물러가니라.

1:13-16 하루는 욥의 자녀들이 그 맏아들의 집에서 음식을 먹으며 포도주를 마실 때에 사환이 욥에게 와서 아뢰되 소는 밭을 갈고 나귀는 그 곁에서 풀을 먹는데, 스바 사람이 갑자기 이르러 그것들을 빼

앗고 칼로 종들을 죽였나이다. 나만 홀로 피하였으므로 주인께 아뢰러 왔나이다. 그가 아직 말하는 동안에 또 한사람이 와서 아뢰되 하나님의 불이 하늘에서 떨어져서 양과 종들을 살라버렸나이다. 나만 홀로 피하였으므로 주인께 아뢰러 왔나이다.

☞ *스바사람*

유목민족으로 성경에서 아랍인으로 불렸다.

1:17 그가 아직 말하는 동안에 또 한사람이 와서 아뢰되 갈대아 사람이 세 무리를 지어 갑자기 낙타에게 달려들어 그것을 빼앗으며 칼로 종들을 죽였나이다. 나만 홀로 피하였으므로 주인께 아뢰러 왔나이다.

☞ *갈대아사람*

B.C 6세기경에 근동지역을 제패한 신 바빌론 제국의 사람

1:18-19 그가 아직 말하는 동안에 또 한사람이 와서 아뢰되 주인의 자녀들이 그들의 맏아들의 집에서 음식을 먹으며 포도주를 마시는데, 거친 들에서 큰 바람이 와서 집 네 모퉁이를 치매 그 청년들 위에 무너지므로 그들이 죽었나이다. 나만 홀로 피하였으므로 주인께 아뢰러 왔나이다 한지라.

1:20 욥이 일어나 겉옷을 찢고 머리털을 밀고 땅에 엎드려 예배하며,

☞ *겉옷을 찢고*

고대 근동에서 큰 슬픔을 표시하는 방법이다.

☞ *머리털을 밀고*

성경에서는 금지되었지만 이방인들에게는 슬픔을 표현하는 흔한 방법이었다.

1:21 이르되 내가 모태에서 알몸으로 나왔사온즉 또한 알몸이 그리로 돌아가올지라. 주신 이도 여호와시요 거두신 이도 여호와시오니 여호와의 이름이 찬송을 받으실지니이다 하고,

☞ *알몸*

벌거벗은 몸.

1:22 이 모든 일에 욥이 범죄하지 않고 하나님을 향하여 원망하지 아니하니라.

☞ *원망*

원망이란 남의 한 일에 대하여 마음에 마땅찮게 여기어 탓하거나 불평을 갖고 미워함.

- **살전 4:13** 형제들아 자는 자들에 관하여는 너희가 알지 못함을 우리가 원치 아니하노니 이는 소망 없는 다른 이와 같이 슬퍼하지 않게 하려 함이라.
- **잠 16:32** 노하기를 더디 하는 자는 용사보다 낫고 자기의 마음을 다스리는 자는 성을 빼앗는 자보다 나으니라.

2장. 사탄의 2차 시험과 세 친구

2:1-2 또 하루는 하나님의 아들들이 와서 여호와 앞에 서고 사탄도 그들 가운데 와서 여호와 앞에 서니, 여호와께서 사탄에게 이르시되 네가 어디서 왔느냐? 사탄이 여호와께 대답하여 이르되 땅을 두루 돌아 여기저기 다녀왔나이다.

☞ *하나님의 아들들*

여기서는 하나님의 명령을 수행하는 천사들이다.

2:3 여호와께서 사탄에게 이르시되 네가 내 종 욥을 주의하여 보았느냐? 그와 같이 온전하고 정직하여 하나님을 경외하며 악에서 떠난 자가 세상에 없느니라. 네가 나를 충동하여 까닭 없이 그를 치게 하였어도 그가 여전히 자기의 온전함을 굳게 지켰느니라.

☞ *충동하여*

터무니없는 사실을 유포하여 타인의 감정을 상하게 하거나 자극시키는 것.

- **롬 4:20-22** 믿음이 없어 하나님의 약속을 의심하지 않고 믿음으로 견고하여져서 하나님께 영광을 돌리며 약속하신 그것을 또한 능히 이루실 줄을 확신하였으니 그러므로 그것이 그에게 의로 여겨졌느니라.
- **고전 10:13** 사람이 감당할 시험밖에는 너희에게 당한 것이 없나니 오직 하나님은 미쁘사 너희가 감당하지 못할 시험 당함

을 허락하지 아니하시고 시험 당할 즈음에 또한 피할 길을 내사 너희로 능히 감당하게 하시느니라.

2:4 사탄이 여호와께 대답하여 이르되 가죽으로 가죽을 바꾸오니 사람이 그의 모든 소유물로 자기의 생명을 바꾸올지라.

이제 주의 손을 펴서 그의 모든 소유물을 치소서. 그리하시면 틀림없이 주를 향하여 욕하지 않겠나이까(1:11)라는 말은 결국 사탄의 거짓이었다.

☞ *가죽*

가죽은 생명을 의미한다. 목숨을 지키는 일이라면 가진 모든 소유물도 능히 버릴 수 있다는 뜻으로 베두인 속담이다.

2:5 이제 주의 손을 펴서 그의 뼈와 살을 치소서 그리하시면 틀림없이 주를 향하여 욕하지 않겠나이까?

2:6 여호와께서 사탄에게 이르시되 내가 그를 네 손에 맡기노라 다만 그의 생명은 해하지 말지니라.

마귀도 하나님의 허락 없이는 성도를 해할 수 없다.

2:7 사탄이 이에 여호와 앞에서 물러가서 욥을 쳐서 그의 발바닥에서 정수리까지 종기가 나게 한지라.

☞ *종기*

강한 열과 타는 듯한 궤양성을 가진 곪는 병으로 무서운 형태의 피부병의 일종이다.

2:8 욥이 재 가운데 앉아서 질그릇 조각을 가져다가 몸을 긁고 있더니,

☞ *재 가운데 앉아서*

강한 슬픔을 당한 자가 행하던 일종의 관습이었다.

• **롬 8:18** 생각하건대 현재의 고난은 장차 우리에게 나타날 영광과 족히 비교할 수 없도다.

• **고후 4:16-17** 그러므로 우리가 낙심하지 아니하노니 우리의 겉 사람은 낡아지나 우리의 속사람은 날로 새로워지도다. 우리의 잠시 받는 환난의 경한 것이 지극히 크고 영원한 영광의 중한 것을 우리에게 이루게 함이니.

의인 욥이 당한 고난은 비참하고 처절하였다. 이런 고난은 겪어보지 않고서는 이해하기도 어렵다. 의인이 이런 고난을 받는 것은 모순처럼 보인다. 이 고난은 죄의 결과가 아님을 가르치면서 고난 중에도 불구하고 원망이나 불평하지 않고 하나님을 찬양함을 가르쳐 준다. 그리고 인간의 생사화복이 하나님의 절대주권임을 알게 한다. 하나님이 욥에게 주신 고난은 욥으로 하여금 자기 자신을 믿지 않고 전적으로 하나님만을 의지하며 내세를 바라보게 하려는 데 있다. 그 이유는 내세의 영광이 너무 크기 때문이다. 하나님의 최후 심판에서는 진리가 이긴다. 그렇지만 하나님은 억압적으로 그의 승리를 나타내시지 않고 최후의 심판에 이르기까지 오래 참으시며 사탄의 제안을 그대로 허

용하신다. 욥에 대한 사탄의 제안이 진리에 부합하지 않는 방법임에도 불구하고 하나님은 허용하셨다. 하나님의 승리 사건들 중에 강압적인 것은 도무지 없다. 빛이 임하면 어두움은 자연적으로 물러가게 된다. 하나님은 고난의 의미를 알려 주시기 위하여, 참된 성도는 아주 타락하지 않는다는 진리를 보여 주시기 위하여 욥의 일생을 표본으로 사용하셨다.

2:9 그의 아내가 욥에게 이르되 당신이 그래도 자기의 온전함을 굳게 지키느냐? 하나님을 욕하고 죽으라.

- **잠 19:14** 집과 재물은 조상에게서 상속하거니와 슬기로운 아내는 여호와께로서 말미암느니라.

욥의 아내는 과연 슬기로운 여인이었을까?

2:10 그가 이르되 그대의 말이 한 여자의 어리석은 말 같도다. 우리가 하나님께 복을 받았은즉 화도 받지 아니하겠느냐 하고 이 모든 일에 욥이 입술로 범죄하지 아니하니라.

☞ *이 모든 일에 욥의 입술로 범죄하지 아니하니라의 의미는?*

구약 성경에서 입술은 두 가지 의미로 나타난다.

하나는 지혜로운 자의 기준으로서 입술로 악을 내지 않는 것과 다른 하나는 멸망을 가져오는 악인의 입술을 강조한다. 특히 지혜서인 잠언에서 많이 나타난다.

• **잠 13:3** 입을 지키는 자는 자기의 생명을 보전하나 입술을 크게 벌리는 자에게는 멸망이 오느니라.

• **잠 14:3** 미련한 자는 교만하여 입으로 매를 자청하고 지혜로운 자의 입술은 자기를 보전하느니라.

욥이 입술로 죄를 범하지 아니하는 지혜자의 면모를 지키고 있음을 보여주고 있다.

우리는 욥기를 시작하면서부터 '왜' 라고 하는 이해할 수 없는 일들이 연속적으로 일어난다.

왜 하나님까지 극찬했던 욥에게 참기 어려운 시련들이 닥치는가. 하나님은 왜 사탄에게 욥의 믿음의 진정성을 시험하게 하시는가. 왜 하늘나라에서 사탄과 하나님이 대화를 하시고, 천상회의에 사탄이 참석하는가.

욥기는 이상적인 신앙생활을 전하는 것이 아니라 하나님을 믿는 자들에게 이해할 수 없는 일들이 언제든지 일어날 수 있는 현실을 보여주고 있다.

서론만을 두고 본다면 전통적 신앙인의 입장에서 욥은 우리의 상상을 넘어 신실하게 반응했으나 3장 이후 그는 처절한 삶과 육체의 고통으로 자기의 출생을 저주하면서부터 욥의 탄식과 출생에 대한 원망이 시작된다.

그를 감싸고 있던 울타리가 하나씩 무너지면서 자식들의 죽음과 아내의 가출과 동방에서 제일 큰 자라하던 재산이 사라졌다. 명예와 지위가 없어지고 사람들의 조롱거리가 되고 자신의 생명줄인 건강이 죽음을 바랄 정도로 고통에 빠지면서 그의 삶은 나락으로 떨어진다.

1장 9절에서 사탄은 욥이 어찌 까닭 없이 하나님을 경외하리이까 하면서 욥의 신실한 믿음도 까닭이 있다고 말한다. 사탄은 욥의 신앙적 동기에 대하여 재물이 풍부하였으므로 선행을 하였고 하나님을 경외하게 됐다는 고대의 그릇된 사고방식을 가지고 까닭 없이 믿는 자들이 없다는 것을 말하고 있다. 사람들의 종교심이 일반적으로 자기중심적 기복신앙과 인과응보의 교리와 실용주의적 신앙으로 흘러가고 있음을 지적한다.

결국 욥이 찾은 그의 고통의 대처법은 1~2장에서는 욥이 순응하는 모습이었고 3장 이후는 하나님께 탄식과 출생에 대한 원망하는 욥의 다른 모습을 볼 수 있지만 하나님을 떠나지는 않았다.

욥기의 서론에서 욥은 온전하고, 정직하고, 하나님을 경외하고, 악에서 떠난 자라고 극찬하시는 하나님에게 사탄은 까닭 있는 신앙이라고 주장하지만 사탄의 주장은 수포로 돌아갔다. "욥이 일어나 겉옷을 찢고 머리털을 밀고 땅에 엎드려 예배하며 ...여호와의 이름이 찬송을 받으실지니이다 하고 이 모든 일에 욥이 범죄하지 아니하고 하나님을 향하여 원망하지 아니하니라."(1:20-22)(2:10 참조)

지금도 우리의 인생 가운데 이유를 알 수 없는 일들이 더 많이 일어나고 있다. 그것이 현실이고 실존임을 우리는 받아들일 수밖에 없다.

제2단원
2:11-3:26

2:11 그 때에 욥의 친구 세 사람이 이 모든 재앙이 그에게 내렸다 함을 듣고 각각 자기 지역에서부터 이르렀으니 곧 데만 사람 엘리바스와 수아 사람 빌닷과 나아마 사람 소발이라. 그들이 욥을 위문하고 위로하려 하여 서로 약속하고 오더니,

2:12 눈을 들어 멀리 보매 그가 욥인 줄 알기 어렵게 되었으므로 그들이 일제히 소리 질러 울며 각각 자기의 겉옷을 찢고 하늘을 향하여 티끌을 날려 자기 머리에 뿌리고,

☞ *겉옷을 찢고*

- **창 37:29** 르우벤이 돌아와 구덩이에 이르러 본즉 거기 요셉이 없는지라 옷을 찢고

2:13 밤낮 칠일 동안 그와 함께 땅에 앉았으나 욥의 고통이 심함을 보므로 그에게 한마디도 말하는 자가 없었더라.

3장. 욥이 생일을 저주함

3:1 그 후에 욥이 입을 열어 자기의 생일을 저주하니라.

☞ *욥이 자기의 생일을 저주하니라*

이것은 하나님을 저주하는 것이 아니다. 그의 이 태도는 사탄이 기대하던 바와는 다르다. 여기서 저주한다는 말은 가볍게 여긴다는 뜻이다.

3:2-3 욥이 입을 열어 이르되 내가 난 날이 멸망하였더라면, 사내 아이를 배었다 하던 그 밤도 그러하였더라면,

욥은 여기서 자신의 생일을 저주하면서 여러 가지 표현을 사용하였다.

3:4 그 날이 캄캄하였더라면, 하나님이 위에서 돌아보지 아니하셨더라면, 빛도 그 날을 비추지 않았더라면,

☞ *그 날이 캄캄하였더라면*

그 날이 존재하지 않으므로 캄캄하다는 뜻.

• **렘 20:14-18** 내 생일이 저주를 받았더면, 나의 어머니가 나를 낳던 날이 복이 없었더면, 나의 아버지에게 소식을 전하여 이르기를 당신이 득남하였다 하여 아버지를 즐겁게 하던 자가 저주를 받았더면, 그 사람은 여호와께서 무너뜨리시고 후회하지 아니하신 성읍같이 되었더면, 그가 아침에는 부르짖는 소리, 낮에는 떠드는 소리를 듣게 하였더면, 좋을 뻔하였나니 이는 그가 나를 태에서 죽이지 아니하셨으며 나의 어머니를 내 무덤이 되지 않게 하셨으며 그의 배가 부른 채로 항상 있지 않게 하신 까닭이로다. 어찌하여 내가 태에서 나와서 고생과 슬픔을 보며 나의 날을 부끄러움으로 보내는고 하니라.

• **삼상 2:6** 여호와는 죽이기도 하시고 살리기도 하시며 스올에 내리게도 하시고 거기에서 올리기도 하시는도다.

☞ *하나님이 위에서 돌아보지 않으셨더라면*

그는 이처럼 자기의 생일이 하나님의 섭리에 의해 존재케 된 것을 믿었다. 우리는 이와 같은 그의 말을 볼 때에 그의 경건을 의심할 수는 없다. 그가 자기의 괴로움을 견딜 수 없어하면서도 하나님을 원망하지 않는 까닭이다. 그가 하나님을 원망하지는 않더라도 욥의 말은 실수를 내포한다.

3:5-7 어둠과 죽음의 그늘이 그날을 자기의 것이라고 주장하였더라면, 구름이 그 위에 덮였더라면 , 흑암이 그 날을 덮었더라면, 그 밤이 캄캄한 어둠에 잡혔더라면, 해의 날 수와 달의 수에 들지 않았더라면, 그 밤에 자식을 배지 못하였더라면, 그 밤에 즐거운 소리가 나지

앉았더라면,

3:8-9 날을 저주하는 자들 곧 리워야단을 격동시키기에 익숙한 자들이 그 밤을 저주하였더라면, 그 밤에 새벽 별들이 어두웠더라면, 그 밤이 광명을 바랄지라도 얻지 못하며 동틈을 보지 못하였더라면 좋았을 것을.

3:10 이는 내 모태의 문을 닫지 아니하여 내 눈으로 환난을 보게 하였음이로구나!

3:11 어찌하여 내가 태에서 죽어 나오지 아니하였던가, 어찌하여 내 어머니가 해산할 때에 내가 숨지지 아니하였던가!

3:12 어찌하여 무릎이 나를 받았던가 어찌하여 내가 젖을 빨았던가!

3:13 그렇지 아니하였던들 이제는 내가 평안히 누워서 자고 쉬었을 것이니,

3:14 자기를 위하여 폐허를 일으킨 세상 임금들과 모사들과 함께 있었을 것이요,

☞ *자기를 위하여 폐허를 일으킨 세상 임금은*

고대 근동의 왕들은 폐허 더미의 옛 성읍이나 성전을 재건하는 일을 큰 공적으로 생각했다. 그들과 함께 누웠을 것이다.

3:15 혹시 금을 가지며 은으로 집을 채운 고관들과 함께 있었을 것이며,

3:16 또는 낙태되어 땅에 묻힌 아이처럼 나는 존재하지 않았겠고 빛을 보지 못한 아이들 같았을 것이라.

3:17-19 거기서는 악한 자가 소요를 그치며 거기서는 피곤한 자가 쉼을 얻으며, 거기서는 갇힌 자가 다 함께 평안히 있어 감독자의 호통소리를 듣지 아니하며, 거기서는 작은 자와 큰 자가 함께 있고 종이 상전에게서 놓이느니라.

3:20 어찌하여 고난당하는 자에게 빛을 주셨으며 마음이 아픈 자에게 생명을 주셨는고.

3:21-22 이러한 자는 죽기를 바라도 오지 아니하니 땅을 파고 숨긴 보배를 찾음보다 죽음을 구하는 것을 더 하다가, 무덤을 찾아 얻으면 심히 기뻐하고 즐거워하나니,

3:23 하나님에게 둘러싸여 길이 아득한 사람에게 어찌하여 빛을 주셨는고,

☞ *하나님에게 둘러싸여의 의미는*

하나님에게 둘러싸여 길이 아득한 사람이라고 욥은 자신을 묘사하고 있다. 우리가 욥기 1, 2장에서 욥의 고통의 본질적 원인을 울타리의 해체로 정의하였을 때 핵심개념이

둘러싸는 것이었다. 욥에게 둘러싸여 있었던 하나님의 물질 축복의 울타리와 자녀다복의 울타리 그리고 건강의 울타리가 하루아침에 허물어진 경험이 욥에게는 말할 수 없는 큰 고통을 가져다 준 근본 이유이다. 그런데 막상 하나님과 사람 사이의 욥을 둘러싸고 있는 모든 울타리가 파괴되었지만 욥이 자신이 하나님에게 둘러싸여 있다고 생각하는 것은 주목할 부분이다.

욥의 상황은 주변의 모든 울타리들이 파괴되어져 버렸기에 보호망이 없이 혼돈된 삶의 자리 가운데서 처절히 떨고 있는 형편이다. 그런데 정작 본인은 하나님의 보이지 않는 울타리가 자신을 겹겹이 둘러싸여 버려서 아무것도 볼 수 없다는 정반대의 상황을 탄식하고 있다. 역설적 표현이 아닐 수 없다.

모든 것에 복되고 의롭게 살던 욥의 길을 막고 계신 분은 하나님이시기 때문이다. 욥에게 향한 하나님의 특별한 계획이 현재 상태로서는 욥 본인에게는 큰 벽으로 느껴질 수 밖에 없는 것이다.

우리 인간의 주변을 둘러싸고 있었던 모든 물질적 사회적 경계들이 해체되는 순간 우리는 신적 경계를 접할 수 있음을 알 수 있다. 그리고 그 경계는 처음에는 공포요, 알 수 없음으로 다가올 수밖에 없다. 그러나 욥은 38-41장에서 하나님에게 둘러싸여 있다는 것을 분명히 알고 넘어서는 경험을 한다.

3:24 나는 음식 앞에서도 탄식이 나며 내가 앓는 소리는 물이 쏟아지는 소리 같구나!

☞ *내가 앓는 소리는 물이 쏟아지는 소리 같구나*
나의 앓는 탄식 소리가 물이 쏟아지는 소리 같구나

3:25-26 내가 두려워하는 그것이 내게 임하고 내가 무서워하는 그것이 내 몸에 미쳤구나! 나에게는 평온도 없고, 안일도 없고, 휴식도 없고 다만 불안만이 있구나!

심층탐구
2:11-3:26

우리는 두 모습의 욥을 본다. 한 얼굴은 1:1~2:10절까지의 의롭고 신실한 신앙적 영웅의 모습이며 또 다른 얼굴은 3:1~31:40절까지의 탄식하고 항변하는 지극히 인간적인 고뇌자의 모습이다.

2:11~3:26절에서는 신실하고 의로운 신앙인이었던 욥이 돌발적으로 생일을 저주하는 탄식들을 우리는 어떻게 이해할 수 있을까.

욥기 3장에서부터 나타나는 탄식이나 불평은 불신앙자의 모습이 아니고, 오히려 하나님을 의지하는 자의 진지한 간구이다. 욥의 탄식 또한 욥의 모순된 다른 목소리가 아니라 여전히 하나님을 찾는 신앙인의 부르짖음이다. 욥의 탄식은 단순한 신앙적 간구일 뿐 아니라 신학적으로 욥의 하나님 이해에 대한 새로운 변화를 동반한다. 세 친구들과의 계속된 대화를 통해서 도저히 받아들일 수 없는 친구들의 관습적 교리나 인과응보적 신앙의 기존 세계관을 욥은 탈피한다. 자신에게 닥친 실존적 현실과의 너무 큰 괴리감 때문이다. 따라서 욥은 탄식할 수밖에 없으며 궁극적인 해결자이신 하나님을 직접 만나는 자리로 나아 갈 수밖에 없다. 그러나 폭풍우 가운데 나오신 하나님을 만나기까지 욥은 오랫동안 친구들의 억울한 누명과 혹독한 독설에 시달려야 했다. 그럴수록 욥 자신은 이전에 친구들처럼 그 자신도 가지고 있었던 관습적 신앙관과 세계관이 허물어지는 경험을 감수할 수밖에 없다. 그러므로 욥의 탄식은 속에서 새로운 하나님 이해와 신앙적 세계를 열어가기 위한 새로운 변화의 몸부림이다. 욥의 탄식은 성숙한 변화를 향한 치열하고도 창조적인 외침이다.

그런데 그 칠 주야의 침묵이 지난 후 비로소 욥의 입이 열렸다. 그리고 그의 처음 일설은 친구들뿐만 아니라 욥기를 읽는 우리들에게도 충격적인 내용이 담겨있다. 자신의 생일을 저주함과 더 나아가 빛과 생명의 주인인 하나님의 창조에 대해서도 심각한 도전을 한다. 탄식을 뿜는 욥의 외침은 앞서 1~2장에서 보았던 의로운 신앙의 영웅적인 모습을 찾아 볼 수가 없다.

이전과는 다른 항변하는 도전자이며 비관적인 냉소주의자의 모습을 드러냈다. 이제부터 욥에게 닥친 혹독한 일련의 고통들에 대한 지극히 인간적이고 솔직한 반응이 시작된다.

인간은 자신의 처해진 상황에 따라 하나님을 찬양하는 자리에 있기도 하고 반대로 하나님을 항변하는 자리에 있기도 하다. 사탄이 지적한 것 같이 사람들의 신앙의 기준이 하나님이기보다는 자신의 상태와 환경이 기준일 수도 있다.

인간은 신앙인이든지 비 신앙인이든지 조물주의 존재를 인정하기 마련이다. 이세상은 신적 계념 없이 인간적인 것으로만 설명하기에는 너무도 많은 물음들이 있기 때문이다. 문제는 그럼에도 불구하고 사람들은 하나님을 부정하고 떠나려 한다. 비 신앙인은 말할 것도 없고 신앙인 중에 신앙인이었던 욥과 같은 사람도 자신을 창조하신 날을 부정하고 싶을 정도로 생일을 저주한다. 주목할 만한 점은 욥의 생일 저주의 처음 문구인 3절과 4절이다. 우선 3절을 보면 욥의 태어난 날 뿐만 아니라 욥의 잉태된 밤까지 멸망하기를 바라고 있다. 날과 밤의 조합 뿐 아니라 잉태되어 탄생하기까지의 모든 생명 형성의 시기까지 완전한 창조 질서의 부정을 꾀하고 있다.

4절에 이르면 하나님의 창조 세계에 대한 욥의 부정은 절정에 이른다. 바로 그 날이 캄캄하였더라면 이라는 표현이 "빛이 있으라"(창1:3) 하신 하나님의 창조 세계의 시작을 알리는 말씀에 정면으로 배치되는 저주이다. 욥은 자신의 생일 저주를 통해 자신의 존재를 부정하는 것으로 끝나지 않고 더 나아가 하나님의 창조 세계를 그 뿌리에서부터 송두리째 부정하듯이 토로한다. 그러나 이러한 모습은 단지 욥뿐만 아니라 모든 사람들의 모습에서 나타난다. 자신이 없으면 세상도 없는 것이다. 자신의 몸이 절망적일 정도로 아프면 세상의 아름답고 건강한 것이 보일 수가 없다. 자신이 견딜 수 없이 힘들고 어려우면 아무리 좋은 것이 주어진들 행복할 수가 없다. 그만큼 인간은 자기중심적인 존재이다. 이런 면에서 욥기는 어떻게 해야 인간이 자기 자신으로부터 탈피할 수 있는가의 근원적 인간론의 문제 또한 다루고 있다. 욥은 이 근원적 인간의 질문에 대하여 죽음을 떠올리는 것 같다(3:21~22 참조). 그러나 결국 욥은 죽음보다는 항변의 길을 택한다.

그 길로 접어들게 한 것은 오히려 세 친구들의 반박과 신랄한 공격 때문이었다.

엄연히 인간의 삶과는 별개로 존재하는 자연 세계이지만 욥은 자신에게 닥친 모든 환난의 절망적 상황 앞에서 결국 현존하는 세계 전체를 부정하듯이 죽음의 세계를 상상하고 있다.

특별히, 음부에 있는 세상 임금들과 모사들 그리고 고관들을 아예 태어나지도 않은 낙태된 아이들과 비교하면서 그들의 삶이 아무리 유력했고 위대한들 죽음에 이르면 결국은 아무것도 없었던 것처럼 되고 만다는 허무주의에 빠진다(3:14~16 참조). 그리고는 더 나아가 오히려 죽음의 세계를 생명의 세계보다 더 있을 만한 곳으로 묘사한다(3:16~19 참조). 이는 전형적인 허무주의적 세계관이다.

그러나 욥기 후반부에 하나님의 폭풍우 속 말씀에서 앞으로 밝혀질 세계에 대한 근본적인 태도는 자연 세계를 있는 그대로 인정하는 일이다. 인간의 의지에 의해서 세계의 존재 유무가 결정되기 보다는 하나님의 창조섭리 가운데 인간 사회와는 동떨어진 객관적 자연 세계가 운용되고 있음을 분명히 한다. 인간 중심의 착취 대상으로서의 세계가 아닌 생태 중심의 동반 대상으로서의 세계가 욥기를 읽어 가면서 열린다.

가정의 울타리와 재산의 울타리 그리고 건강의 울타리가 허물어진 후 아직 욥에게 있어서 무너지지 않은 울타리가 있었으니 그것은 신앙의 울타리이다. 하나님께 인정받는 의인 욥의 신앙의 울타리는 하루아침에 쉽게 파괴되지는 않았다.

그러나 세 친구들 앞에서 침묵하고 있던 칠일 동안 욥은 비로소 신앙의 경계마저 흔들리기 시작했다. 처음에는 신실한 친구들의 방문과 말없이 고통을 분담하고 그들의 함께 함이 감사한 일이었지만 아무런 죄악도 없이 그렇게 위로 받는 신세가 된 자신의 삶과 믿음에 대하여 의심하지 않을 수 없었을 것이다. 어느 순간부터 분노는 쌓여 갔고 더 이상 친구들의 방문은 위로를 넘어서 부끄러운 동정심으로 느껴졌을 것이다.

욥기 3장의 생일 저주는 신앙의 울타리까지 허물어진 것 같은 느낌마저 들게 한다. 욥은 이제 그동안 자신의 삶의 수단이었던 모든 물질과 가정 또 건강과 사회적인 위치까지 그리고 신앙까지 몰수당할 위기에 처했다. 자신의 존재 수단의 전면적 상실 상태의 욥은 탄식할 수밖에 없다.

그러나 놀라운 것은 욥의 모든 영역에서의 울타리 파괴는 욥으로 하여금 새로운 경계로 나아가게 하고 있다. 즉 하나님에게 둘러싸인 경계이다(3:23 참조). 비록 현재 상태로서는 어둠이요 망막함이 그를 지배하고 있다. 그러나 그의 인간으로서의 무방비 상태는 결국 하나님의 새로운 울타리를 요청한다. 그 신적 울타리는 기존의 모든 울타리들을 초월할 것이다. 이제 욥은 바야흐로 새로운 울타리 건설을 위한 어렵고 담대한 시작과 시도를 한다.

제3단원
4-5장

4장. 엘리바스의 첫 번째 권면

4:1 데만 사람 엘리바스가 대답하여 이르되.

☞ *데만*

에돔 또는 그 인접 지역이었을 것이다.

☞ *엘리바스*

에돔 사람이며 가장 연장자였고 지식이 풍부했던 자로서 경험을 토대로 욥에게 호소했다.

4:2 누가 네게 말하면 네가 싫증을 내지 않겠느냐? 누가 참고 말하지 아니하겠느냐?

4:3-4 보라 전에 네가 여러 사람을 훈계하였고 손이 늘어진 자를 강하게 하였고, 넘어지는 자를 말로 붙들어 주었고, 무릎이 약한 자를 강하게 하였거늘,

☞ *손이 늘어진 자*

위약한자

4:5-6 이제 이 일이 네게 이르매 네가 힘들어 하고 이 일이 네게 닥치매 네가 놀라는구나! 네 경외함이 네 자랑이 아니냐? 네 소망이 온전한 길이 아니냐?

☞ *네 경외함이*

네가 하나님을 의지함이

4:7-8 생각하여 보라 죄 없이 망한 자가 누구인가? 정직한 자의 끊어짐이 어디 있는가? 내가 보건대 악을 밭 갈고 독을 뿌리는 자는 그대로 거두나니.

죗값은 언제나 멸망이다. 그런데 사람들은 이 진리를 왜 잊어버리는가. 사람이 범죄한 후 즉시 망하지 않고 오랜 시일이 지난 후에 망하는 경우가 많기 때문이다. 어찌하여 하나님은 범죄자를 당장 멸망시키지 않으시는가. 하나님은 죄인이 죽는 것을 기뻐하시지 않기 때문이다. 의인에게 고난이 임하는 목적은 그의 유익과 하나님의 이름을 위함이다.

• **겔 18:32** 주 여호와의 말씀이니라. 죽을 자가 죽는 것도 내가 기뻐하지 아니하노니 너희는 스스로를 돌이키고 살지니라.

4:9 다 하나님의 입 가운데 멸망하고 그의 콧김에 사라지느니라.

☞ *하나님의 입 기운에 멸망하고*

이는 하나님의 '심판하시는 말씀'을 의미하고

- **살후 2:8** 그 때에 불법한 자가 나타나리니 주 예수께서 그 입의 기운으로 그를 죽이시고 강림하여 나타나심으로 폐하시리라.

☞ *그의 콧김에 사라지느니라*

이는 '하나님의 진노'를 비유한다.

- **시 18:8** 그의 코에서 연기가 오르고 입에서 불이 나와 사름이여 그 불에 숯이 피었도다.

4:10-11 사자의 우는 소리와 젊은 사자의 소리가 그치고 어린 사자의 이가 부러지며, 사자는 사냥한 것이 없어 죽어가고 암사자의 새끼는 흩어지느니라.

성경은 죄인을 숲속의 사자로 비유하였다.

- **렘 12:8** 내 소유가 숲속의 사자 같이 되어서 나를 향하여 그 소리를 내므로 내가 그를 미워하였음이로라.

사자의 굳센 목이 완악한 죄인의 곧은 목, 곧 회개하지 않는 모습에 비유된다. 이와 같이 완악한 죄인들은 멸망을 받는 법이다.

• **약 1:15** 욕심이 잉태한즉 죄를 낳고 죄가 장성한 즉 사망을 낳느니라.

4:12 **어떤 말씀이 내게 가만히 이르고 그 가느다란 소리가 내 귀에 들렸었나니,**

☞ *엘리바스의 종교적 체험은*

전통적인 현자들의 지혜탐구에 있어서 어떤 "말씀(12절), 소리(12, 16절), 환상(13절), 영(15, 16절)" 등은 하나님의 지혜 습득의 수단으로 등장한다. 실제로 엘리바스는 어떤 특정한 신적 계시를 받는 체험을 기록하고 있다

엘리바스의 말을 듣고 난 욥의 반응은 어떠한 전통적 지혜의 통로로서의 꿈과 환상을 거부하고 있다.

4:13 **사람이 깊이 잠들 즈음 내가 그 밤에 본 환상으로 말미암아 생각이 번거로울 때에,**

☞ *환상*

하나님의 대리자인 천사였을 것이다. 우리는 하나님을 직접 외부적인 물체의 형상처럼 생각하지 말고 언제나 영으로 알아야 한다. 따라서 우리는 육신의 눈으로 그를 보려고 하지 말고 심령으로 그를 깨달으며 느끼기를 힘써야 한다.

4:14 **두려움과 떨림이 내게 이르러서 모든 뼈마디가 흔들렸느니라.**

☞ *두려움과 떨림으로 뼈마디가 흔들렸느니라*

고난의 심각함을 보여준다.

4:15 그 때에 영이 내 앞으로 지나매 몸에 털이 주뼛하였느니라.

4:16 그 영이 서 있는데 그 형상을 알아보지는 못하여도 오직 한 형상이 내 눈 앞에 있었느니라. 그때 내가 조용한 중에 한 목소리를 들으니,

4:17 사람이 어찌 하나님보다 의롭겠느냐? 사람이 어찌 그 창조하신 이보다 깨끗하겠느냐?

엘리바스의 말이 욥에게 해당되지 않으나 그 말 자체는 성경적이다.

4:18 하나님은 그의 종이라도 그대로 믿지 아니하시며 그의 천사라도 미련하다 하시나니,

☞ *종이라도, 천사라도 미련하다*

하나님께서는 스스로 완전하신 분이시므로 어떤 존재를 의지하거나 신뢰할 필요가 없다는 말이다.

4:19 하물며 흙집에 살며 티끌로 터를 삼고 하루살이 앞에서라도 무너질 자이겠느냐?

☞ *하루살이 앞에서라도 무너질 자*

인간의 미약하고 무력함을 말함

4:20 아침과 저녁 사이에 부스러져 가루가 되며 영원히 사라지되 기억하는 자가 없으리라.

☞ *아침과 저녁 사이에*

잠간 사이에(between dawn and dusk)

☞ *기억하는 자가 없으리라*

연약하여 하나님께로 돌아가는 지혜도 없이 죽고 만다.

4:21 장막 줄이 그들에게서 뽑히지 아니하겠느냐 그들은 지혜가 없이 죽느니라.

☞ *그들은 지혜가 없이 죽느리라*

인간의 유한성을 말하면서 결국 인간은 지혜가 없이 죽는다. 사람이 지혜를 찾는다고 하나 결국 하나님의 지혜를 발견할 수 없다는 것이다.

사람으로서는 지혜 터득이 불가능하다.

그저 지혜 없이 죽음에 이를 수밖에 없는 운명이다. 하나님과 인간 사이에 극복할 수 없는 거리를 선포한 것으로써 이곳에서 지혜는 하나님의 궁극적인 뜻 내지는 섭리(하나님의 하나님 되심)를 의미한다.

믿음으로 말미암아 구원에 이르는 지혜를 모르고 죽는다.

5장. 악인에 대한 보응

5:1 너는 부르짖어 보라 네게 응답할 자가 있겠느냐? 거룩한 자 중에 네가 누구에게로 향하겠느냐?

엘리바스의 말이 실상 욥에게는 해당되지 않는다. 자기의 생일을 저주한 것은(3:1-9) 하나님을 원망하는 것이 아니고 자기로서는 이해할 수 없는 고통 때문에 자기의 생명이 떠나기를 원한다는 의미이다. 그러나 욥은 하나님이 주신 생명을 스스로 끊겠다는 죄악된 생각을 한 것이 아니다.

☞ *거룩한 자*

거룩한 천사들은 천상 회의의 장면을 떠올릴 수 있다. 하나님과 사람 사이의 이야기의 배경이 되는 서론의 천상 회의 장면은 1-2장 후 사라진 것이 아니다. 계속해서 욥과 친구들과의 대화 가운데서 하늘의 거룩한 존재들의 등장이 나온다.

5:2 분노가 미련한 자를 죽이고 시기가 어리석은 자를 멸하느니라.

☞ *미련한 자*

하나님을 떠난 극히 악한 자.

• **시 37:35-36** 내가 악인의 큰 세력을 본즉 그 본래의 땅에 서 있는 나무 잎이 무성함과 같으나, 내가 지나 갈 때에 그는 없어졌나니 내가 찾아도 발견하지 못하였도다.

5:3 **내가 미련한 자가 뿌리내리는 것을 보고 그의 집을 당장에 저주하였노라.**

☞ *뿌리내리는 것*

자리 잡는 것.

5:4-5 **그의 자식들은 구원에서 멀고 성문에서 억눌리나 구하는 자가 없으며, 그가 추수한 것은 주린 자가 먹되 덫에 걸린 것도 빼앗으며 올무가 그의 재산을 향하여 입을 벌리느니라.**

☞ *억눌리다*

억압을 받다.

5:6 **재난은 티끌에서 일어나는 것이 아니며, 고생은 흙에서 나는 것이 아니니라.**

사람이 그 죗값으로 고난을 당한다는 의미이다.

- **미 7:9** 내가 여호와께 범죄하였으니 그의 진노를 당하려니와 마침내 주께서 나를 위하여 논쟁하시고 심판하시며 주께서 나를 인도하사 광명에 이르게 하시리니 내가 그의 공의를 보리로다.
- **요 5:14** 그 후에 예수께서 성전에서 그 사람을 만나 이르시되 보라 네가 나았으니 더 심한 것이 생기지 않게 다시는 죄를 범치 말라하시니

5:7 사람은 고생을 위하여 났으니 불꽃이 위로 날아가는 것 같으니라.

☞ *사람은 고생을 위하여 났으니*

사람이 자기 속에 고난의 원인인 죄악을 가지고 태어났다. 인간의 원죄는 인간이 불완전으로 태어나서 이것이 곧 죄악이다. 이 세상에 완전하게 태어난 사람은 생육신하신 예수님뿐이다.

• **창 3:17-19** 아담에게 이르시되 네가 네 아내의 말을 듣고 내가 너더러 먹지 말라한 나무의 열매를 먹었은즉 땅은 너로 말미암아 저주를 받고 너는 네 평생에 수고하여야 그 소산을 먹으리라 땅이 네게 가시덤불과 엉겅퀴를 낼 것이라 너의 먹을 것은 밭의 채소인즉 네가 흙으로 돌아갈 때까지 얼굴에 땀이 흘러야 먹을 것을 먹으리니 네가 그것에서 취함을 입었음이라 너는 흙이니 흙으로 돌아갈 것이니라 하시니라.

☞ *불꽃이 위로 날아가는 것 같으니라*

불꽃이 아래로 내려갈 수 없고 위로 오르는 것이 자연의 당연한 이치인 것처럼 사람에게 주어진 고생은 그대로 불변한 진리임을 역설한다.

5:8 나라면 하나님을 찾겠고 내 일을 하나님께 의탁하리라.

☞ *하나님께 구하고 내 일을 하나님께 의탁하리라*

이 구절을 간접적 회개 촉구로 본다면 욥은 실제로 친구들과의 논쟁 가운데 회개의 자리로 간 적이 없다. 엘리바스는 절대적으로 하나님을 의지하도록 욥에게 충고하고 있다. 욥은 전통적 관점에서 회개하기보다는 자신의 억울함을 하나님 앞에서 직접 항변하는 길을 택했다.

5:9-10 하나님은 헤아릴 수 없이 큰일을 행하시며 기이한 일을 셀 수 없이 행하시나니, 비를 땅에 내리시고 물을 밭에 보내시며,

☞ *큰일과 기이한 일과 비를 땅에 내리시고*

하나님의 위대하심과 신비로우심과 자비를 나타내신다.

5:11 낮은 자를 높이 드시고 애곡하는 자를 일으키사 구원에 이르게 하시느니라.

☞ *높이 드시고*

일으켜 세우시다.

☞ *애곡하는 자를 구원하신다*

슬피 우는 자를 구원하신다.

• **삼상 2:7** 여호와는 가난하게도 하시고 부하게도 하시며 낮추기도 하시고 높이기도 하시는도다.

5:12 하나님은 교활한 자의 계교를 꺾으사 그들의 손이 성공하지 못하게 하시며.

☞ *교활*

교묘하고 간사한 꾀가 많음.

• **느 4:15** 우리의 대적이 우리가 그들의 의도를 눈치챘다 함을 들으니라. 하나님이 그들의 꾀를 폐하셨으므로 우리가 다 성에 돌아와서 각각 일하였는데

5:13-14 지혜로운 자가 자기의 계략에 빠지게 하시며 간교한 자의 계략을 무너뜨리시므로, 그들은 낮에도 어두움을 만나고 대낮에도 더듬기를 밤과 같이 하느니라.

☞ *간교*

간사하고 교사스러움.

• **고전 3:19** 이 세상 지혜는 하나님께 어리석은 것이니 기록된 바 하나님은 지혜 있는 자들로 하여금 자기 꾀에 빠지게 하시는 이라 하였고

5:15-16 하나님은 가난한 자를 강한 자의 칼과 그 입에서, 또한 그들의 손에서 구출하여 주시나니, 그러므로 가난한 자가 희망이 있고 악행이 스스로 입을 다무느니라.

☞ *가난한 자*

재물이 적은 자, 억압과 착취를 당하는 자

5:17 볼지어다 하나님께 징계 받는 자에게는 복이 있나니 그런즉 너는 전능자의 징계를 업신여기지 말지니라.

☞ *징계*

생각이나 행동의 허물을 바로잡기 위한 훈계나 책망함.

5:18 하나님은 아프게 하시다가 싸매시며 상하게 하시다가 그의 손으로 고치시나니,

사람들은 고난을 유익한 것으로 깨닫지 못한다. 그러나 하나님은 징계를 통해서 싸매시고 고치신다.

● **히 12:7-13** 너희가 참음은 징계를 받기 위함이라. 하나님이 아들과 같이 너희를 대우하시나니 어찌 아버지가 징계하지 않는 아들이 있으리요. 징계는 다 받는 것이거늘 너희에게 없으면 사생자요 친 아들이 아니니라. 또 우리 육신의 아버지가 우리를 징계하여도 공경하였거든 하물며 모든 영의 아버지께 더욱 복종하며 살려 하지 않겠느냐? 그들은 잠시 자기의 뜻대로 우리를 징계하였거니와 오직 하나님은 우리의 유익을 위하여 그의 거룩하심에 참여하게 하시느니라. 무릇 징계가 당시에는 즐거워 보이지 않고 슬퍼 보이나 후에 그로 말미암아 연단 받은 자들은 의와 평강의 열매를 맺느니라. 그러므로 피곤한 손과 연약한 무릎을 일으켜 세우고 너희 발을 위하여 곧은 길을 만들어 저는 다리로 하여금 어그러지지 않고 고침을 받게 하라.

5:19-20 여섯 가지 환난에서 너를 구원하시며 일곱 가지 환난이라도 그 재앙이 네게 미치지 않게 하시며, 기근 때에 죽음에서, 전쟁 때에 칼의 위협에서 너를 구원하실 터인즉,

5:21-22 네가 혀의 채찍을 피하여 숨을 수가 있고 멸망이 올 때에도

두려워하지 아니할 것이라. 너는 멸망과 기근을 비웃으며 들짐승을 두려워하지 말라.

☞ *혀의 채찍*

사악한 험담

• **시 31:20** 주께서 그들을 주의 은밀한 곳에 숨기사 사람의 꾀에서 벗어나게 하시고 비밀히 장막에 감추사 말다툼에서 면하게 하시리이다.

5:23 들에 있는 돌이 너와 언약을 맺겠고 들짐승이 너와 화목하게 살 것이니라.

☞ *들에 있는 돌이 너와 언약을 맺겠고*

만약 욥이 다시금 온전한 길에 서게 된다면 어떠한 구원이 임하게 되리라는 예언적 선포가 담겨 있다. 자연과의 회복 즉 들에 있는 돌과 언약을 맺고 목축의 위협이 되는 들짐승과 화목할 것이라고 한다. 마찬가지로 농사에 걸림돌이 되는 밭의 돌들과 언약을 맺게 되면 밭에서의 농작물 재배의 어려움이 사라지게 된다.

5:24 네가 네 장막의 평안함을 알고 네 우리를 살펴도 잃은 것이 없을 것이며,

또 24절의 "네 장막의 평안함"은 곡식의 풍요를 "네 우리를 살펴도 잃은 것이 없을 것이며"는 가축의 풍부를 의미한다.

5:25-26 네 자손이 많아지며 네 후손이 땅의 풀과 같이 될 줄을 네가 알 것이라. 네가 장수하다가 무덤에 이르리니 마치 곡식 단을 제 때에 들어 올림 같으니라.

☞ *장수하다가*

늙어서 신자가 하늘나라에 갈 때 곡식 단을 거둬들임과 같다. 그것은 하나님께 열납 되는 향기로운 죽음이다.

5:27 볼지어다 우리가 연구한 바가 이와 같으니 너는 들어보라. 그러면 네가 알리라.

☞ *연구한 바*

이는 엘리바스가 욥에게 한 말들도 신앙의 입장이 아닌 이성적인 관찰과 경험을 참된 결론인 양 확신에 차서 말했던 것임을 시사한다.

전통적 지혜의 세 친구들

엘리바스로 시작하여 빌닷 그리고 소발의 세 친구들의 차례로 등장하면서 욥이 대답하는 형식으로 이어진다.

첫 번째	두 번째	세 번째
4~5장 엘리바스의 첫 번째 권면 **6~7장** 욥의 대답 **8장** 빌닷의 첫 번째 권면 **9~10장** 욥의 대답 **11장** 소발의 첫 번째 권면 **12~14장** 욥의 대답	**15장** 엘리바스의 두 번째 권면 **16~17장** 욥의 대답 **18장** 빌닷의 두 번째 권면 **19장** 욥의 대답 **20장** 소발의 두 번째 권면 **21장** 욥의 대답	**22장** 엘리바스의 세 번째 권면 **23~24장** 욥의 대답 **25장** 빌닷의 세 번째 권면 **26~27장** 욥의 대답 소발의 세 번째 말 없음

욥과 세 친구들은 천상에서 하나님과 사탄이 대화한 사실과 하나님의 뜻을 전혀 알지 못하고 땅에서 생긴 현실만 보고 인간의 지혜와 지식으로만 판단하고 있다는 것이다. 세 친구들은 하나님께 기도하지도 않고 욥에 대하여 책망으로 일관한다.

엘리바스를 시작으로 빌닷과 소발을 당대의 전통적인 지혜와 교리의 대표자들이다.

엘리바스는 자신이 체험한 영의 가르침을 자신의 주장의 논리로 삼는다(4:12~16 참조).

빌닷은 옛 선인들의 가르침을 주장한다(8:8~10 참조).

소발은 하나님의 지혜의 심오함을 자신의 주장으로 삼는다(11:5~9 참조).

우리가 욥이 처한 극도의 환난에 대하여 전후 내용의 맥락 없이 각 친구들의 발언들을 대한다면 그대로 받아들일 수 있는 위대한 종교적 진리와 훈계가 담겨있다. 그러나 욥기의 핵심은 그렇게 위대한 전통적 지혜의 가르침이 부정되고 있기 때문이다. 욥은 그 친구들의 이야기를 받아들일 수가 없다. 자신이 경험하는 실제 실존 상황이 기존의 전통적 가르침들과 조화 될 수 없음을 체험하고 있기 때문이다. 전통이나 교리는 이차적이다.

실제적으로 욥에게는 자신이 처한 상황이 우선이다. 세 친구들은 욥이 처한 상황에서는 멀리 떨어져서 전통적 지혜와 교리를 주장하나 욥의 상황에서는 전통적 지혜와 교리의 가르침이 얼음장같이 차고 굳어있는 화석화된 가르침일 뿐이다. 욥의 실제적 상황과 친구들의 지혜 교리는 영원한 평행선을 그을 수밖에 없다. 친구들의 이야기는 세 가지로 요약된다. 인과응보의 교리, 악인의 운명, 회개 촉구 등이다.

첫 번째로 지혜를 따르는 삶은 생명과 축복이고, 어리석음을 따르는 삶의 끝은 저주와 멸망이다. 인생의 결과가 번영과 화평이면 지혜자의 길에 있는 것이고, 고통과 재앙이면 어리석은 자의 길에 서 있는 증거가 된다.

두 번째로 선인은 지혜의 길로 악인은 어리석음의 길을 가기에 결국 악인의 운명은 쇠퇴요 죽음이다. 세 친구들은 인과응보의 교리에 서서 욥을 악인으로 판단하고 그의 비극적 종말을 경고하고 있다.

세 번째로 악인은 길에서 돌이켜서 지혜자의 길 곧 선한 삶으로 나아올 때 다시금 생명의 삶을 보장받게 된다.

회개 촉구를 통하여 욥의 범죄함을 인정케 하고 의인의 삶으로 초청하면서도 동시에 친구들은 자신들의 전통적 교리의 진리성을 증명하려고 한다.

욥의 세 친구들은 전통적 지혜와 교리의 전형적인 가르침 위에 서 있다. 이제부터 친구들의 전통적 지혜 교리와 욥의 체험적 실존 사이의 갈등이 첨예하게 대립하고 충돌하게 된다. 그러나 양자 사이에는 큰 차이가 있다. 친구들은 교리적 주장에 갇혀서 고통의 현장과 대화하지 않는다. 반면에 욥은 친구들의 주장을 부정한다. 계속해서 친구들을 자신의 삶의 처지로 초청하면서 기존의 종교적 가르침을 실제적 경험 가운데 적용하고 변혁하려 한다.

문제는 욥기 3장에서는 욥이 자기 생일을 저주함으로 세 친구들에게 '신성모독'에 가까운 말로 충격을 주었다.

엘리바스의 이야기의 주제는 다음의 네 가지이다.

1. 현재의 고통은 욥의 죗값이다.
2. 어리석은 불평을 그치고 죄를 범함을 인정하라.
3. 유한한 인간으로서 하나님의 섭리를 의지할 수밖에 없다.
4. 회개하면 회복해 주실 것이다.

하나님의 율법을 준행할 때는 의인으로서 축복의 삶을 허락 받으나 불순종할 때는 죄를 범함으로 멸망을 당할 수밖에 없다는 권선징악과 인과응보 사상이다.

그러나 엘리바스 발언의 성격은 정작 엘리바스의 이야기를 듣고 응답하는 욥의 말에서 그 반응을 알 수 있다. 특히 6:25~26을 통하여 욥이 그의 충고를 책망과 비난으로 받아들이고 있음을 확인할 수 있다. "옳은 말이 어찌 고통스러운고,, 너희의 책망은 무엇을 책망함이냐? 너희가 남의 말을 꾸짖을 생각을 하나 실망한 자의 말은 바람 같으니라."

제4단원
6-7장

6장. 엘리바스의 권면에 대한 욥의 대답

6:1-2 욥이 대답하여 이르되 나의 괴로움을 달아보며 나의 파멸을 저울 위에 모두 놓을 수 있다면,

☞ *파멸*

깨여져 멸망함.

6:3 바다의 모래보다 무거울 것이라. 그러므로 나의 말이 경솔하였구나!

☞ *경솔하였구나*

너무 괴로워서 말을 더듬으며 입속으로 중얼거림을 가리

킨다.

6:4 전능자의 화살이 내게 박히매 나의 영이 그 독을 마셨나니 하나님의 두려움이 나를 엄습하여 치는구나!

☞ *화살 과 독*

하나님께서 보내신 고난을 의미한다.

독은 온 몸의 종기를 일컫는 듯하다.

6:5-7 들나귀가 풀이 있으면 어찌 울겠으며 소가 꼴이 있으면 어찌 울겠느냐? 싱거운 것이 소금 없이 먹히겠느냐? 닭의 알 흰자위가 맛이 있겠느냐? 내 마음이 이런 것을 만지기도 싫어하나니 꺼리는 음식물 같이 여김이니라.

☞ *"이런 것을 만지기도 내 마음이 싫어하나니"에서 이런 것이란*

욥이 혐오하는 "이런 것"은 욥 자신의 상황을 전혀 설명하지 못하고 틀에 박힌 엘리바스의 교리를 이야기한다. 실제적 현실의 문제를 간과한 형식적 교리는 구역질나고 냄새나는 음식물 같다는 것이다.(6:7 참조).

따라서 욥은 자신의 생일 저주와 항변에 대하여 친구들이 귀를 기울여 줄 것을 요청한다(6:28-30 참조).

6:8 나의 간구를 누가 들어줄 것이며 나의 소원을 하나님이 허락하시랴.

죽음에 대한 욥의 사상이 반영되어 있다. 8-9절에서 욥은 생명을 주장하시는 이가 하나님인 줄 알고 자신은 자기의 생명을 끊을 권리가 없음을 자인하고 하나님께서 자기의 생명을 끊어주시기를 간구하였다. 욥은 하나님께로 간다는 확신으로 내세를 갈망하는 성도의 고백이다. 욥은 죽음 앞에서도 위로와 소망을 가졌다.

☞ *나의 간구와 소원*

지금 욥은 죽음을 갈구하고 있다. 그만큼 지금 당하고 있는 고통의 극심함을 반증하고 있는 것이다. 현재 상황 가운데 유일한 탈출구를 죽음으로 보기 때문이다. 이러한 의미에서 3장의 생일 저주가 구체적인 죽음에 대한 간구로 드러나 있음을 보게 된다.

6:9 이는 곧 나를 멸하시기를 기뻐하사 하나님이 그의 손을 들어 나를 끊어 버리실 것이라.

8절과 함께 파악한다면 욥 자신의 죽음을 의미한다. "손을 들어 끊어 버리는 일은 하나님께서 생명을 끊고 자유롭게 놓아 주어 죽게 하시면 고통 가운데에서도 위안을 받을 수 있게 될 것이라고 믿고 있는 것이다.

6:10 그러할지라도 내가 오히려 위로를 받고 그칠 줄 모르는 고통 가운데서도 기뻐하는 것은 내가 거룩하신 이의 말씀을 거역하지 아니하였음이라.

욥의 하나님에 대한 신뢰를 뜻한다.

6:11-12 내가 무슨 기력이 있기에 기다리겠느냐? 내 마지막이 어떠하겠기에 그저 참겠느냐? 나의 기력이 어찌 돌의 기력이겠느냐, 나의 살이 어찌 놋쇠겠느냐?

☞ *기력*

일을 감당해 나갈 수 있는 힘.

6:13 나의 도움이 내 속에 없지 아니하냐? 나의 능력이 내게서 쫓겨나지 아니하였느냐?

☞ *나의 도움이 내 속에 없지 아니하냐*

내안에 나를 도울 힘이 내게는 없다.

6:14 낙심한 자가 비록 전능자를 경외하기를 저버릴지라도 그의 친구로부터 동정을 받느니라.

환난을 받는 자에게는 그의 친구로부터 동정이 있어야 한다.

• **약 1:27** 하나님 아버지 앞에서 정결하고 더러움 없는 경건은 곧 고아와 과부를 그 환난 중에 돌보고 또 자기를 지켜 세속에 물들지 아니하는 그것이니라.

6:15 내 형제들은 개울과 같이 변덕스럽고 그들은 개울의 물살 같이 지나가누나!

☞ *개울*

하나님을 경외한다고 하면서 형제의 불쌍한 형편을 동정하지 않는 사실에 대하여 사막지대에 쉽게 마르고 쉽게 변형되고 없어지는 개울로 비유하여 말하였다. 다시 말하면 외식하는 종교가들은 사람들에게 실망을 준다는 것이다.

6:16 얼음이 녹으면 물이 검어지며 눈이 그 속에 감추어질지라도,

☞ *얼음이 녹으면 물이 검어지며*

검은 탁류의 물인데 이는 성실치 못한 형제가 상황에 따라 변덕스러움을 은유적으로 표현하였다.

6:17-18 따뜻하면 마르고 더우면 그 자리에서 없어지나니, 대상들은 그들의 길을 벗어나서 삭막한 들에 들어가 멸망하느니라.

사막의 개울에 소망을 두고 여행하는 자들이 마침내 곤란에 빠진다. 개울이 쉽게 마르고 변하기 때문이다.

6:19-20 데마의 떼들이 그것을 바라보고 스바의 행인들도 그것을 사모하다가 거기 와서는 바라던 것을 부끄러워하고 낙심하느니라.

☞ *데마*

아브라함이 애굽 여인 하갈에게서 낳은 이스마엘의 후손으로 아랍의 한 부족이다.

6:21-22 이제 너희는 아무것도 아니로구나 너희가 두려운 일을 본즉 겁내는구나! 내가 언제 너희에게 무엇을 달라고 했더냐? 나를 위하여 너희 재물을 선물로 달라고 하더냐?

그 친구들이 말하는 내용이 옳지 않다고 반박한다. 그들이 욥의 실정을 진지하게 알지도 못하고 그의 말을 트집 잡으려 한다. 욥은 자기가 왜 그런 고난을 받아야 하는지 이유를 알지 못한다.

6:23 내가 언제 말하기를 원수의 손에서 나를 구원하라 하더냐?, 폭군의 손에서 나를 구원하라 하더냐?

☞ *구원하라*

값을 지불하고 되사다. 돈으로 노예나 포로의 값을 지불하고 억압에서 벗어난 자유인이 되게 한다.

6:24-25 내게 가르쳐서 나의 허물된 것을 깨닫게 하라 내가 잠잠하리라. 옳은 말이 어찌 그리 고통스러운고, 너희 책망은 무엇을 책망함이냐?

☞ *고통스러운지*

괴롭거나 아파서 견디어내기 어렵다.

6:26-27 너희가 남의 말을 꾸짖을 생각을 하나 실망한 자의 말은 바람에 날아가느니라. 너희는 고아를 제비 뽑으며 너희 친구를 팔아 넘기는구나!

☞ *고아를 제비 뽑으며*

지불능력이 없는 자의 자녀들을 놓고 노예삼기 위하여 제비뽑는 것을 가리키는 말이다.

• **느 5:5** 우리 육체도 우리 형제의 육체와 같고 우리 자녀도 저희 자녀 같거늘 이제 우리 자녀를 종으로 파는도다 우리 딸 중

에 벌써 종 된 자가 있으나 우리의 밭과 포도원이 이미 남의 것이 되었으니 속량할 힘이 없도다.

6:28-30 이제 원하건대 너희는 내게로 얼굴을 돌리라. 내가 너희를 대면하여 결코 거짓말 하지 아니하리라. 너희는 돌이켜 행악자가 되지 말라. 아직도 나의 의가 건재하니 돌아오라. 내 혀에 어찌 불의한 것이 있으랴 내 미각이 어찌 속임을 분간하지 못하랴!

☞ *행악자*

난폭하고 모진 짓을 행하는 사람.

7장. 욥의 탄식

7:1-2 이 땅에 사는 인생에게 힘든 노동이 있지 아니하겠느냐? 그의 날이 품꾼의 날과 같지 아니하겠느냐? 종은 저녁 그늘을 몹시 바라고 품꾼은 그의 삯을 기다리나니,

☞ *세상에 있는 인생에게 노동이 있지 아니하냐*

산다는 것이 힘들다.

☞ *그의 날이 품꾼의 날과 같지 아니하겠느냐*

욥은 품꾼처럼 후에 받는 상급을 기다린다. 욥의 믿음은 내세의 상급을 갈망한다. 우리 인간에게 내세가 없다면 모든 것이 헛되다.

• **고전 15:19** 만일 그리스도 안에서 우리의 바라는 것이 다만 이 세상의 삶뿐이면 모든 사람 가운데 우리가 더욱 불쌍한 자니라.

7:3-4 이와 같이 내가 여러 달째 고통을 받으니 고달픈 밤이 내게 작정 되었구나! 내가 누울 때면 말하기를 언제나 일어날까, 언제나 밤이 갈까 하며 새벽까지 이리 뒤척, 저리 뒤척 하는구나!

욥이 얼마나 괴로웠던가를 보여준다. 그러나 욥은 믿음에서 떠나서 낙심한 것이 아니다. 이와 같이 솔직한 고백은 하나님께 진술하는 것이 신앙인의 자세이다. 그는 문제 해결의 열쇠가 하나님께만 있는 줄을 안다.

☞ *고달픈 밤*

고난의 때를 가리킨다.

7:5-6 내 살에는 구더기와 흙덩이가 의복처럼 입혀졌고 내 피부는 굳어졌다가 터지는구나! 나의 날은 베틀의 북보다 빠르니 희망 없이 보내는구나!

욥의 이 말은 자기 몸에 벌레가 있는 자가 육신의 부패를 보면서 육신의 생명에 애착을 끊는 심정을 말한 것이다. 인간은 죽음을 맞이하면 그 몸에 부패를 당한다. 욥은 살아서 그 고통을 받았다.

• **사 14:11** 네 영화가 음부에 떨어졌음이여 너의 비파 소리까지로다 구더기가 네 아래 깔림이여 지렁이가 너를 덮었도다.

7:7-8 내 생명이 한낱 바람 같음을 생각하옵소서. 나의 눈이 다시는 행복을 보지 못하리이다. 나를 본 자의 눈이 다시는 나를 보지 못할 것이고 주의 눈이 나를 향하실지라도 내가 있지 아니 하리이다.

욥은 자기가 죽은 뒤에 아무 것도 없다는 듯이 말한다. 이것은 어디까지나 육신의 생명에 국한된 말이다.

7:9-10 그름이 사라져 없어짐 같이 스올로 내려가는 자는 다시 올라오지 못할 것이오니 그는 다시 자기 집으로 돌아가지 못하겠고 자기 처소도 다시 그를 알지 못하리이다.

☞ 스올

스올(sheol)은 지하 세계로서 이 세상을 떠나간 자들이 거주하는 곳. 무덤이나 지옥으로 번역한다.

7:11 그런즉 내가 내 입을 금하지 아니하고 내 영혼의 아픔 때문에 말하며 내 마음의 괴로움 때문에 불평하리이다.

성경에 의인으로 간주된 욥이 원망의 사람일 수 없다. 여기서 욥의 원망이란 말은 그의 탄식이다.

• **겔 14:14** 비록 노아, 다니엘, 욥 이 세 사람이 거기에 있을지라도 그들은 자기의 공의로 자기의 생명만 건지리라 나 주 여호와의 말이니라.

7:12 내가 바다니이까, 바다 괴물이니이까? 주께서 어찌하여 나를 지키시나이까?

☞ *내가 바다이니까 괴물이니이까*

욥 자신을 바다 또는 바다 괴물로 묘사한 이유는?

첫째로 욥은 자신이 하나님의 직접적 공격을 받고 있는 것으로 생각하기 때문이다. 구약성서에서 바다 또는 바다 괴물을 하나님의 창조 질서를 위협하는 무질서의 세력으로 규정하고 하나님의 치심으로 인해 잠잠하게 되는 존재로 규정하고 있다. 또한 그 혼돈의 세력은 하나님이 경계를 정하심으로 갇혀 있게 되는데 언제든지 경계를 넘어서서 질서의 세계를 무너뜨릴 수 있는 위협적인 존재로 부각된다. 따라서 하나님께서는 지키시는 것으로 묘사된다.

둘째로 하나님께서는 마침내 폭풍우 가운데 응답하실 때 바다 괴물을 가리키는 리워야단(41:1)의 존재가 실제로 언급된다. 그리고 그 리워야단은 앞서서 나타난 베헤못(41:15)과 더불어 욥과 비견되는 존재들로서 등장한다.

따라서 욥은 고통 가운데 자신을 바다와 같은 비극적이면서도 혹독한 하나님의 단속을 받는 존재로 비유하고 있으나 아이러니하게도 하나님의 음성을 통하여 뜻하지 않는 차원에서 욥 자신은 "바다"됨을 듣게 된다.

☞ *바다의 괴물*

거칠고 제어할 수 없는 존재로 바다의 높은 물결을 의인화한 것이다.

7:13-15 혹시 내가 말하기를 내 잠자리가 나를 위로하고 내 침상이 내 수심을 풀리라 할 때에 주께서 꿈으로 나를 놀라게 하시고 환상으로 나를 두렵게 하시나이다. 이러므로 내 마음이 뼈를 깍는 고통을 겪느니 차라리 숨이 막히는 것과 죽는 것을 택하리이다.

☞ *뼈를 깍는 고통보다 보다도 죽는 것을 택하리이다.*
삶을 살아있는 뼈로 나타낸 말로 삶의 참혹한 고통보다 오히려 죽음이 낫다는 것이다.

7:16 내가 생명을 싫어하고 영원히 살기를 원하지 아니하오니 나를 놓으소서 내 날은 헛 것이니이다.

☞ *나를 놓으소서 내 날은 헛것이니이다*
여기서 헛되다는 것은 현재와 같이 고통 중에서 세월을 허송하는 자기 생명은 아무런 가치가 없다는 것이다.

• **렘 15:17-18** 내가 기뻐하는 자의 모임 가운데 앉지 아니하며 즐거워하지도 아니하고 주의 손에 붙들려 홀로 앉았사오니 이는 주께서 분노로 내게 채우셨음이니이다. 나의 고통이 계속하며 상처가 중하여 낫지 아니함은 어찌 됨이니이까? 주께서는 내게 대하여 물이 말라서 속이는 시내 같으시리이까?

7:17-19 사람이 무엇이기에 주께서 그를 크게 만드사 그에게 마음을 두시고, 아침마다 권징하시며 순간마다 단련하시나이까? 주께서 내게서 눈을 돌이키지 아니하시며 내가 침을 삼킬 동안도 나를 놓지 아니하시기를 어느 때까지 하시리이까?

욥은 여러 가지 표현으로서 그의 고통을 하나님께 호소했다. 그 고통이 하나님으로부터 온 줄 알았으므로 하나님께 부르짖게 된 것이다. 따라서 그는 소망이 있었다.

7:20 사람을 감찰하시는 이여 내가 범죄하였던들 주께 무슨 해가 되오리까? 어찌하여 나를 당신의 과녁으로 삼으셔서 내게 무거운 짐이 되게 하셨나이까?

욥은 자기가 범죄하였을지라도 하나님께서 용서하실 수 있지 않은가 하고 질문한다. 자신이 죄를 지었을 상황에 대한 가정을 담고 있다.

7:21 주께서 어찌하여 내 허물을 사하여 주지 아니하시며 내 죄악을 제거하여 버리지 아니하시나이까? 내가 이제 흙에 누우리니 주께서 나를 애써 찾으실지라도 내가 남아 있지 아니하리이다.

욥은 자기에게 찾아올 죽음을 고요히 기다린다. 그는 하나님이 정하신 인생의 말로에 대해 순종하기를 원했다.

"주께서 어찌하여내 허물을 사하여 주지 아니하시며 내 죄악을 제거하여 버리지 아니하시나이까?" 이것은 욥이 범죄함을 인정하는 것일까? 그렇지는 않다. 여기서는 단순한 가정이다. 설사 죄를 지었다고 하여도 이렇듯 무지막지한 벌을 내리는 것에 대한 강변이다. "이 정도면 욥을 용서할 때도 되지 않았습니까?" 하물며 죄가 없는데도 이러한 재앙을 주시는 것은 있을 수 없는 일입니다.

친구들 가운데 대표격인 엘리바스의 이야기를 처음들은 욥은 만감이 교차했을 것이다. 자신의 환난 전까지만 하더라도 욥은 어려움을 당한 사람들에게 그런 말로 위로를 했고 그러한 지혜와 교리들은 하나도 틀림없는 것을 욥 자신도 누구보다 더 잘 알고 있다. 그렇지만 현재 욥 자신이 당한 상황에서 그러한 말들은 하나도 자신에게 도움이 되지 못한다.

욥이 당한 고난을 친구들이 어떻게 자신을 이해할 수 있을까.

그는 궁극적인 위로와 구원의 간구를 하나님 앞에 드릴 수밖에 없다. 그러나 이것도 문제인 것은 현재 욥에게 하나님은 구원자가 아닌 혹독한 심판자 또 감시자이기 때문이다. 왜냐하면 고통의 원인이 자신의 범죄함이 아님을 누구보다 더 잘 알기에 결국 그렇듯 막대한 고통을 가져다 줄 자는 하나님 밖에 없다고 확신하고 있기 때문이다. 이렇게 복잡한 심리적 상태의 욥의 심정을 다음의 네 가지로 정리해 볼 수 있다.

1. 자신의 의로움의 항변
2. 친구들에 대한 원망
3. 새로운 지혜의 추구

첫째, 욥은 엘리바스의 "너의 고난에는 이유가 있다"(4:7~11)에 대하여 "나의 항변에는 이유가 있다"(6:5~7)로 맞서고 있다. 그렇다고 욥이 현 상황에서 전통적 교리나 인과응보의 사상을 부정하는 것은 아니다.

단지 인과응보의 교리를 대하는 시작이 친구들은 여전히 관습적 입장에서 말한다면, 욥은 자신의 실제 경험으로부터 새롭게 바라보게 되었음을 알 수 있다. 자신이 부르짖고 있는 것은 기존의 교리를 못 받아 들여서가 아니라 그 교리가 자신의 실제적 경험을 전혀 설명해 줄 수 없기에 그러함을 밝히고 있다. 현실성 없는 말들은 "싱거운 것"으로 소금 없는 흰자위만 있는 달걀로(6:6 참조) 규정하고 있다. 한마디로 욥이 닥친 상황에서는 맞지 않다. 가장 확실한 것은 자신이 하나님의 말씀을 거역한 사실이 없다고 욥 자신의 의로움, 그 하나뿐이다(6:10 참조).

둘째, 욥은 친구들을 원망하고 있다. 낙심한 자가 비록 하나님을 경외하지 않는 일이 있을지라도 으레 친구들은 동정하기 마련인데(6:14 참조) 지금 엘리바스는 동정은 커녕 욥의 범죄함을 전제하고 회개를 일방적으로 강요하고 있기 때문이다. 힘든 일을 당하게 되면 주변 사람들의 위로가 필요하고 가장 가까운 사람들의 격려가 절실한데 그러한 친구들의 동정심은 온데간데없이 사라졌다(6:15 참조). 차라리 아무 말도 하지 않았으면 좋으련만 그들은 고통스럽게 책망하고 꾸짖고 있다(6:25~26 참조).

셋째, 욥은 엘리바스의 첫 번째 말을 듣고 난 다음에 이렇게 탄식한다. "그러므로 나의 말이 경솔 하였구나"(6:3) 자신의 생일 저주(3장 참조)에 대한 엘리바스의 반응이 뜻하지 않는 고발과 책망으로 돌아오는 현실 앞에서 욥은 자신의 말이 친구들에게 적절치 못한 것이었음을 발견하고 친구들과의 의사소통의 한계를 처음 느끼고 있다. 근본적인 이유는 욥과 친구들이 처해있는 상황의 차이이다. 그럼에도 불구하고 욥은 처음에는 친구들과의 대화를 계속 시도한다. 그러나 욥의 시도는 오래가지 못한 채 곧 하나님에게 직접적으로 간구하는 쪽을 택하게 된다.

본문에서 욥은 엘리바스와 이야기하다가 어느 사이엔가 하나님에게 직접 자신의 상황을 토로한다(7:7이하).

넷째, 친구에게 이야기하다가 별안간 하나님께 기도드리는 장면은 본문뿐만 아니라 이후 친구들과의 대화에서 줄곧 나타난다. 욥은 궁극적으로 구원의 주체는 하나님임을 안다.

인간이 당하는 처절한 고통의 한가운데에서 하나님은 우리에게 어떻게 느껴질까.

우리는 욥을 통하여 간접적인 경험을 하게 된다. 욥이 고백하듯 하나님은 화살을 쏘시고 독을 내시는 두려운 하나님으로 비쳐진다(6:4 참조). 멸하시고 생명을 끊어 버리시는 하나님으로 부각된다(6:9 참조). 고통당하는 자를 대적자로 삼아 감시하고(7:12 참조) 수시로 징계를 내리고 단련하며(7:18 참조) 과녁으로 삼고 무거운 짐을 지우신다(7:20 참조).

그러나 욥이 하나님에 대하여 가장 고통스럽게 묘사하는 장면은 바로 7장 19절이다. "주께서 내게서 눈을 돌이키지 아니하시며 내가 침을 삼킬 동안도 나를 놓지 아니하시기를 어느 때까지 하시리이까" 사실 오늘 우리의 문제는 고통과 시련의 순간에도 이것이 하나님으로부터 온 것임을 인식하지 못하는 데 있다.

욥이 고통 속에 표현한 하나님 고백은 여전히 살아계신 하나님의 주권에 대한 순종적 고백이다. 모든 것이 하나님의 손에 달려 있다. 좋은 것도 하나님께 받았으니 나쁜 것 또한 하나님께 받는 것(2:10 참조)은 지극히 당연한 이치다. 문제는 그 속에서 하나님의 섭리를 깨닫는 일이다.

만약에 욥이 자신이 만난 재앙들을 하나님이 아닌 다른 것에 원인을 돌렸다면 그의 탄식은 들리지 않았을 것이요 지루한 친구들과의 대화도 있지 않았을 것이요 결국 하나님의 폭풍우 가운데 말씀도 듣지 못했을 것이다. 그러므로 욥의 탄식과 항변은 진정한 이유가 있고 가치가 있다.

모든 것이 하나님의 주권 아래에 달려 있음을 인정하는 것이다. 동시에 더 나아가 그 고난의 건너편에 숨어있는 하나님 섭리의 발견을 위한 몸부림이다. 새로운 하나님의 지혜의 세계로 욥은 모험적인 도전을 시작한 것이다.

제5단원

8-10장

8장. 빌닷의 첫 번째 권면

8:1 수아 사람 빌닷이 대답하여 이르되,

☞ *수아 사람*

팔레스타인 남동쪽에 살았던 유목민들인 아랍 부족의 구성원이다.

8:2 네가 어느 때까지 이런 말을 하겠으며 어느 때까지 네 입의 말이 거센 바람과 같겠는가?

☞ *네 입의 말이 거센 바람과 같겠는가*

이 뜻은 거칠고 헛되고 아무런 가치도 없다는 것이다. 욥의 처지를 모르면서 평가한 빌닷의 말은 욥에게 위로가 될 수 없다.

8:3-4 하나님이 어찌 정의를 굽게 하시겠으며 전능하신 이가 어찌 공의를 굽게 하시겠는가? 네 자녀들이 주께 죄를 지었으므로 주께서 그들을 그 죄에 버려두셨나니,

빌닷은 여기서 욥과 그의 자녀들에게 임한 환난이 그들의 죗값으로 당하는 것이므로 정당하다고 한다. 그러나 빌닷의 견해가 욥에게는 해당되지 않는다. 이 때 욥의 가정에 임한 환난의 의미를 당시에는 아무도 몰랐다.

8:5-6 네가 만일 하나님을 찾으며 전능하신 이에게 간구하고, 또 청결하고 정직하면 반드시 너를 돌보시고 네 의로운 처소를 평안하게 하실 것이라.

- **딤전 3:9** 깨끗한 양심에 믿음의 비밀을 가진 자라야 할지니,

8:7 네 시작은 미약하였으나 네 나중은 심히 창대하리라.

- **약 5:11** 보라 인내하는 자를 우리가 복되다 하나니 너희가 욥의 인내를 들었고 주께서 주신 결말을 보았거니와 주는 가장 자비하시고 긍휼히 여기는 이시니라.

8:8 청하건대 너는 옛 시대 사람에게 물으며 조상들이 터득한 일을

배울지어다.

☞ *옛 시대 사람에게 물으며*

너의 경험으로가 아니라 선인들의 지혜로 배우라는 말이다.

• **신 32:7** 옛날을 기억하라 역대의 연대를 생각하라 네 아버지에게 물으라 그가 네게 설명할 것이요 네 어른들에게 물으라 그들이 네게 말하리로다.

8:9-10 우리는 어제부터 있었을 뿐이라. 우리는 아는 것이 없으며 세상에 있는 날이 그림자와 같으니라. 그들이 네게 가르쳐 이르지 아니하겠느냐? 그 마음에서 나오는 말을 하지 아니 하겠느냐?

8:11-12 왕골이 진펄 아닌 데서 크게 자라겠으며 갈대가 물 없는 데서 크게 자라겠느냐? 이런 것은 새 순이 돋아 아직 뜯을 때가 되기 전에 다른 풀보다 일찍 마르느니라.

☞ *왕골*

속이 비었고 끝부분이 앞으로 구부러져 있어 외식하는 종교인으로 비유된다.

☞ *왕골이 진펄이 아니고 나겠으며 갈대가 물 없이 자라겠느냐*

욥을 식물로 비유하여 금방 시든 이유는 욥이 하나님을 의지하지 않았기에(8:13"하나님을 잊어버리는 자","사곡한 자") 물이 공급되지 않는 식물처럼 말라버렸다는 주장이다.

8:13 하나님을 잊어버리는 자의 길은 다 이와 같고, 저속한 자의 희망

은 무너지리니.

☞ *하나님을 잊어버리는 자*

언제나 자기의 힘에 의지하는 자 일시 형통하는 것 같으나 잠시 후에 패망한다.

☞ *저속한 자*

품격이 낮고 속된 자.

8:14-15 그가 믿는 것이 끊어지고 그가 의지하는 것이 거미줄 같은즉, 그 집을 의지할지라도 집이 서지 못하고 굳게 붙잡아 주어도 집이 보존되지 못하리라.

• **사 59:5-6** 독사의 알을 품으며 거미줄을 짜나니 그 알을 먹는 자는 죽을 것이요 그 알이 밟힌즉 터져서 독사가 나올 것이니라 그 짠 것으로는 옷을 이룰 수 없을 것이요 그 행위로는 자기를 가릴 수 없을 것이며 그 행위는 죄악의 행위라 그 손에는 포악한 행동이 있으며,

8:16-17 그는 햇빛을 받고 물이 올라 그 가지가 동산에 뻗으며 그 뿌리가 돌무더기에 서리어서 돌 가운데로 들어갔을지라도,

☞ 그는

위선자 혹은 외식하고 불경건한 자를 덩굴 식물(박)에 비유하고 있다.

8:18-19 그 곳에서 뽑히면 그 자리도 모르는 체하고 이르기를 내가

너를 보지 못하였다 하리니, 그 길의 기쁨은 이와 같고 그 후에 다른 것이 흙에서 나리라.

하나님을 믿지 않는 외식자의 종말에 대해 말해준다. 그 결국은 아주 멸망하고 만다는 것이다. 외식자의 즐거움은 잠시 뿐이고 그들은 이와 같이 속히 망하고 다른 사람들이 그들의 수고한 것을 차지하게 된다.

8:20-22 하나님은 순전한 사람을 버리지 아니하시고 악한 자를 붙들어주지 아니하시므로 웃음을 네 입에, 즐거운 소리를 네 입술에 채우시리니, 너를 미워하는 자는 부끄러움을 당할 것이라. 악인의 장막은 없어지리라.

9장. 빌닷의 권면에 대한 욥의 대답

9:1-3 욥이 대답하여 이르되 진실로 내가 이 일이 그런 줄 알거니와 인생이 어찌 하나님 앞에 의로우랴 사람이 하나님께 변론하기를 좋아할지라도 천 마디에 한 마디도 대답하지 못하리라.

☞ *이 일이*

8장에서 빌닷의 주장한 것을 말함.

☞ *변론*

사리를 밝혀 옳고 그름을 바로 따짐.

욥은 바울과 같이 인간의 전적 부패를 믿었다.

• **롬 3:10-11** 기록된 바 의인은 없나니 하나도 없으며, 깨닫는 자도 없고 하나님을 찾는 자도 없고,

9:4 그는 마음이 지혜로우시고 힘이 강하시니 그를 거슬러 스스로 완악하게 행하고도 형통할 자가 누구이랴?

☞ *완악*

성질이 모지락스럽고 악독함.

하나님은 지혜로우셔서 모르는 것이 없으므로 인간의 숨겨진 허물도 다 알고 계신다.

• **롬 14:12** 이러므로 우리 각 사람이 자기 일을 하나님께 직고하리라.

9:5-6 그가 진노하심으로 산을 무너뜨리시며 옮기실지라도 산이 깨닫지 못하며 그가 땅을 그 자리에서 움직이시니 그 기둥들이 흔들리도다.

• **사 2:19** 사람들이 암혈과 토굴로 들어가서 여호와께서 땅을 진동시키시려고 일어나실 때에 그의 위엄과 그 광대하심의 영광을 피할 것이라.

9:7 그가 해를 명령하여 뜨지 못하게 하시며 별들을 가두시도다.

☞ *별들을 가두시도다*

별들을 반짝이지 못하게 막으실 수 있다는 뜻이다.

9:8 그가 홀로 하늘을 펴시며 바다 물결을 밟으시며,

• **사 40:22** 그는 땅 위 궁창에 앉으시나니 땅에 사는 사람들은 메뚜기 같으니라. 그가 하늘을 차일같이 펴셨으며 거주할 천막같이 치셨고,

9:9 북두성과 삼성과 묘성과 남방의 밀실을 만드셨으며,

☞ *남방의 밀실*

남쪽 지평선 뒤에 놓여 있는 무한한 공간

9:10-11 측량할 수 없는 큰일을, 셀 수 없는 기이한 일을 행하시느니라. 그가 내 앞으로 지나시나 내가 보지 못하며 그가 내 앞에서 움직이시나 내가 깨닫지 못하느니라.

9:12 하나님이 빼앗으시면 누가 막을 수 있으며 무엇을 하시나이까 하고 누가 물을 수 있으랴.

☞ *빼앗으시면*

하나님은 자신의 의로써 모든 것을 다스리신다.

9:13-14 하나님이 진노를 돌이키지 아니하시나니 라합을 돕는 자들

이 그 밑에 굴복하겠거든 하물며 내가 감히 대답하겠으며 그 앞에서 무슨 말을 택하랴.

☞ *라합*

고대 근동 지방의 신화에 나오는 바다 괴물로 악과 혼돈 세력을 뜻한다. 악의 큰 어떤 세력을 가리키며 교만한 자라는 뜻이다.

9:15-16 가령 내가 의로울지라도 대답하지 못하겠고 나를 심판하실 그에게 간구할 뿐이며 가령 내가 그를 부르므로 그가 내게 대답하셨을지라도 내 음성을 들으셨다고는 내가 믿지 아니하리라.

- **고전 4:4-5** 내가 자책할 아무 것도 깨닫지 못하나 이로 말미암아 의롭다 함을 얻지 못하노라. 다만 나를 판단하실 이는 주시니라. 그러므로 때가 이르기 전 곧 주께서 오시기까지 아무것도 판단하지 말라. 그가 어두움에 감추인 것들을 드러내고 마음의 뜻을 나타내시리니 그 때에 각 사람에게 하나님으로부터 칭찬이 있으리라.

9:17-19 그가 폭풍으로 나를 치시고 까닭 없이 상처를 깊게 하시며, 나를 숨 쉬지 못하게 하시며 괴로움을 내게 채우시는구나! 힘으로 말하면 그가 강하시고 심판으로 말하면 누가 그를 소환하겠느냐?

☞ *심판으로 말하면 누가 그를 소환하겠느냐*

누가 감히 하나님을 재판장으로 부를 수 있겠느냐?

• **요한1서 5:20** 또 아는 것은 하나님의 아들이 이르러 우리에게 지각을 주사 우리로 참된 자를 알게 하신 것과 또한 우리가 참된 자 곧 그의 아들 예수 그리스도 안에 있는 것이니 그는 참 하나님이시요 영생이시라.

9:20 가령 내가 의로울지라도 내 입이 나를 정죄하리니 가령 내가 온전할지라도 나를 정죄하시리라.

욥은 인내의 사람이었다.

• **약 5:11** 보라 인내하는 자를 우리가 복되다 하나니 너희가 욥의 인내를 들었고 주께서 주신 결말을 보았거니와 주는 가장 자비하시고 긍휼히 여기시는 이시라.

9:21 나는 온전하다마는 내가 나를 돌아보지 아니하고 내 생명을 천히 여기는구나.

☞ *내 생명을 천히 여기는구나*

욥은, 사람은 죄인이기 때문에 이 세상에서 반드시 온전함에 대한 상급을 하나님으로부터 기대하지 않는다. 선에 대한 하나님의 상급을 이 세상에서 받는다는 것은 욥의 세 친구들의 믿음이다. 욥은 그러한 믿음을 계속적으로 반대하였다. 이런 이유에서 그는 자기의 생명을 천히 여긴다고 말한다. 이 세상이 반드시 심판의 기회가 아니라는 것을 지적한다.

9:22 일이 다 같은 것이라. 그러므로 나는 말하기를 하나님이 온전한 자나 악한 자나 멸망시키신다 하나니.

☞ *일이 다 같은 것이라*

의인과 악인이 다 같이 죄 아래 살고 있는 똑같은 존재임을 가리키는 말이다.

• **갈 3:22** 그러나 성경이 모든 것을 죄 아래 가두었으니 이는 예수 그리스도를 믿음으로 말미암는 약속을 믿는 자들에게 주려 함이니라.

즉 사람에게 죄가 있거나 없거나 인간사는 다 마찬가지이다. 여기서 욥은 자기의 고통이 자기의 죄로 인한 것이 아니라 이유를 알 수 없는 하나님의 뜻에서 비롯되었음을 시사한다.

9:23 갑자기 재난이 닥쳐 죽을지라도 무죄한 자의 절망도 그가 비웃으시리라.

☞ *무죄한 자의 절망도 그가 비웃으시리라*

하나님께서 어떤 때는 의인의 억울함을 들어주지 않으신다. 그 때는 하나님께서 그의 절망을 비웃으시는 것 같다는 시적인 표현이다.

☞ *죽을지라도*

모두 무찔러 죽임.

• **사 10:26** 만군의 여호와께서 채찍을 들어 그를 치시되 오렙 바위에서 미디안을 쳐 죽이신 것 같이 하실 것이며 막대기를 드시되 바다를 향하여 애굽에서 하신 것 같이 하실 것이라.

9:24 세상이 악인의 손에 넘어갔고 재판관의 얼굴도 가려졌나니. 그렇게 되게 한 이가 그가 아니시면 누구냐?

☞ *악인의 손에 넘어갔고*

무죄한 자의 고난에 대하여 하나님의 무관심을 증명이라도 하듯이 욥은 이 땅에서의 의인을 박해한 사실들을 말하고 있다.

9:25-26 나의 날이 경주자보다 빨리 사라져버리니 복을 볼 수 없구나! 그 지나가는 것이 빠른 배 같고 먹이에 날아 내리는 독수리와도 같구나.

☞ *경주자*

욥은 인생여정이 아주 빨리 지나감을 경주자에 비유하였다.

9:27-31 가령 내가 말하기를 내 불평을 잊고 얼굴 빛을 고쳐 즐거운 모양을 하자 할지라도 내 모든 고통을 두려워하오니 주께서 나를 죄 없다고 여기지 않으실 줄을 아나이다. 내가 정죄하심을 당할진대 어찌 헛되이 수고하리이까? 내가 눈 녹은 물로 몸을 씻고 잿물로 손을 깨끗하게 할지라도, 주께서 나를 개천에 빠지게 하시리니 내 옷이라도 나를 싫어하리이다.

9:32-33 하나님은 나처럼 사람이 아니신즉 내가 그에게 대답할 수 없으며 함께 들어가 재판을 할 수도 없고 우리 사이에 손을 얹을 판결자도 없구나.

욥은 하나님과 자기 사이에 중보자를 요구한다. 그는 자기의 문제 해결이 중보자에게만 있다고 본다. 이와 같이 구약 시대의 성도들은 장차 오실 중보자이신 그리스도를 갈망하였다. 그리스도는 참 하나님이시오 참 사람이시므로 양측 즉 하나님과 사람 사이에 만족한 화해를 성립시킨다.

- **롬 9:5** 조상들도 그들의 것이요 육신으로 하면 그리스도가 그들에게서 나셨으니 그는 만물 위에 계셔서 세세에 찬양을 받으실 하나님이시니라 아멘.
- **롬 9:20** 이 사람아 네가 누구이기에 감히 하나님께 반문하느냐? 지음을 받은 물건이 지은 자에게 어찌 나를 이같이 만들었느냐 말하겠느냐?

9:34 주께서 그의 막대기를 내게서 떠나가게 하시고 그의 위엄이 나를 두렵게 하지 아니하시기를 원하노라.

☞ *그의 막대기*

욥에게 고난을 가져다주는 하나님의 회초리.

9:35 그리하시면 내가 두려움 없이 말하리라. 나는 본래 그렇게 할 수 있는 자가 아니니라.

☞ *나는 본래 그렇게 할 수 있는 자가 아니니라*

자기는 구속을 받는 자인만큼 하나님 앞에서 그런 발언을 하지 못할 죄인은 아니라는 것이다.

그럼에도 불구하고 그는 현재에 있어서는 특별한 시험을 당하면서 아주 구원 받지 못할 인간처럼 하나님과 자기 사이에 장벽이 막힌 것 같은 안타까운 형편에 처해 있다

Then I would speak up without fear of him, but as it now stands with me. I can not.

10장. 욥의 호소

10:1 내 영혼이 살기에 곤비하니 내 불평을 토로하고 내 마음이 괴로운 대로 말하리라.

☞ *토로하고*

가슴에 쌓인 악한 감정을 토해내고

☞ *곤비*

괴롭고 고달픔

10:2-3 내가 하나님께 아뢰오리니 나를 정죄하지 마시옵고 무슨 까닭으로 나와 더불어 변론하시는지 내게 알게 하소서. 주께서 주의 손으로 지으신 것을 학대하시며 멸시하시고, 악인의 꾀에 빛을 비추시

기를 선히 여기시나이까?

☞ *악인의 꾀에 빛을 비취시기를 선히 여기시나이까*

악인들의 행위를 선히 여기시는 것은 아니지요 하면서 하나님의 공평한 처사를 간구하는 것이다.

10:4-6 주께도 육신의 눈이 있나이까? 주께서 사람처럼 보시나이까? 주의 날이 어찌 사람의 날과 같으며 주의 해가 어찌 인생의 해와 같기로, 나의 허물을 찾으시며 나의 죄를 들추어내시나이까?

욥의 이와 같은 말도 하나님에 대한 원망이 아니고, 하나님께서는 사람처럼 그렇게 하시리가 없다는 신념을 마음속에 지니고 있으면서 위로를 받는다.

10:7 주께서는 내가 악하지 않은 줄을 아시나이다. 주의 손에서 나를 벗어나게 할 자도 없나이다.

하나님의 전지전능하심과 무소불능하심을 믿으며 하나님의 궁극적 구원에 대한 소망을 표시한다.

10:8-9 주의 손으로 나를 빚으셨으며 만드셨는데 이제 나를 멸하시나이다. 기억하옵소서. 주께서 내 몸 지으시기를 흙을 뭉치듯 하셨거늘 다시 나를 티끌로 돌려보내려 하시나이까?

10:10 주께서 나를 젖과 같이 쏟으셨으며 엉긴 젖처럼 엉기게 하지 아니하셨나이까?

☞ *젖처럼 엉기게*

우유를 응고시켜 치즈를 만들 듯이 어머니의 태속에서 잉태되어 형성되게 하셨음을 말한다.

10:11-12 피부와 살을 입히시며 뼈와 힘줄로 나를 엮으시고, 생명과 은혜를 내게 주시고 나를 보살피심으로 내 영을 지키셨나이다.

10:13 그러한데 주께서 이것들을 마음에 품으셨나이다. 이 뜻이 주께 있는 줄을 내가 아나이다.

☞ *이것들*

14-17절의 내용을 말함인데 곧 하나님께서는 욥이 범죄한 경우에라도 용서하지 않으실 것과 욥이 의로울지라도 역시 계속적으로 재앙을 주실 것이라는 내용이다. 욥은 여기서 자기를 친히 지으신 하나님께서 이와 같이 엄혹하게 취급하신다고 말한다. 그러나 욥의 이와 같은 말은 그가 겪고 있는 가혹한 듯한 고난의 현실을 그대로 하나님 앞에 호소하는 것뿐이고 이런 말로써 하나님의 오묘하신 주권을 의심하는 것은 아니다.

10:14 내가 범죄하면 주께서 나를 죄인으로 인정하시고 내 죄악을 사하지 아니하시나이다.

☞ *사하다*

법적인 용어로 죄 없다고 선언하다.

10:15-16 내가 악하면 화가 있을 것이오며 내가 의로울지라도 머리를

들지 못하는 것은 내 속에 부끄러움이 가득하고 내 환난을 내 눈이 보기 때문이다. 내가 머리를 높이 들면 주께서 젊은 사자처럼 나를 사냥하시며 내게 주의 놀라움을 다시 나타내시나이다.

10:17 주께서 자주자주 증거하는 자를 바꾸어 나를 치시며 나를 향하여 진노를 더하시니 군대가 번가라서 치는 것 같으니이다.

☞ 주께서 자주자주 증거하는 자를 바꾸어 나를 치시며

친구들의 고발과 비판을 이야기하기보다는 직접적으로 하나님이 고통을 주는 상황에 대한 탄식이다. 욥이 자신의 의로움에 대한 생각을 하면 할수록 끝이 없어 보이는 그의 고통의 상황과 불안들이 하나님의 계속된 공격으로 욥에게 비쳐지는 상황을 묘사하고 있다.

10:18-20 주께서 나를 태에서 나오게 하셨음은 어찌함이니이까? 그렇지 않으셨더라면 내가 기운이 끊어져 아무 눈에도 보이지 아니하였을 것이라. 있어도 없었던 것 같이 되어서 태에서 바로 무덤으로 옮겨졌으리이다. 내 날은 적지 아니하나이까? 그런즉 그치시고 나를 버려두사 잠시나마 나를 평안하게 하시되,

욥은 자신이 당하고 있는 고난을 견딜 수 없어서 또 다시 자기의 출생을 한탄한다. 그리고 그나마 살아 있을 때에 평안하게 해주시기를 하나님께 간구한다.

10:21-22 내가 돌아오지 못할 땅 곧 어둡고 죽음의 그늘진 땅으로 가기 전에 그리하옵소서. 땅은 어두워서 흑암 같고 죽음의 그늘이 져서

아무 구별이 없고 광명도 흑암 같으니이다.

☞ *돌아오지 못할 땅*

스올(음부) 죽음을 가리킨다. 욥은 여기서 죽음을 받아들일 생각을 하고 있다.

6장에서 엘리바스에 대한 욥의 응답에서는 (6:8-10) 죽음 또는 스올의 세계가 그의 소망으로 나타났다. 그러나 빌닷에 대한 응답에서는 스올로 가기 전에 구원해 주십사 하는 간구로 바뀐다. 그의 죽음에 대한 개념의 변화는 왜 일어났을까? 그것은 본문에 이르러 자신의 항변을 담아낼 수 있는 지혜를 발견했기 때문이다.

곧 법정용어라는 방법을 통하여 자신의 불평과 탄식을 표출할 수 있었기에 삶에 대한 그의 소망은 자포자기 상태(생일 저주, 죽음 간구)에서 점차로 회복되고 있음을 알 수 있다.

심층탐구
8-10장

빌닷은 직선적이다. 엘리바스의 경우에는 인과응보 교리를 간접적으로 욥에게 적용하였지만(4:7~11 참조) 빌닷은 직접적으로 욥의 심장을 후벼 파는 말을 한다. "네 자녀들이 주께 죄를 지었으므로 주께서 그들을 그 죄에 버리셨나니"(8:4) 욥이 지금 당하는 상황은 정의의 하나님께서 응당 내리시는 대가라고 주장하고 있다(8:3 참조). 또한 빌닷은 인과응보 교리를 자연세계의 현상을 통하여 전개하는 것이 특이하다. 8장 11절 이하에 보면 왕골이나 갈대와 같은 식물이 물이 없는 곳에서 자랄 수 없음을 언급하면서 자연의 이치와 똑같이 인간 사회에서도 이유 없는 결과가 없음을 강조한다. 전형적인 선악의 대조로써 자신의 논리를 날카롭게 말한다. 하나님은 순전한 사람을 버리지 아니하시고 악한 자를 붙들어 주지 아니하신다(8:20 참조). 빌닷은 자신의 주장의 근거를 조상들의 전통지혜에 둔다. 엘리바스와 빌닷의 말의 마무리는 전통적 구원의 하나님에 대한 약속과 소망을 제시한다(5:18~27, 8:20~22 참조).

그러나 친구들의 논리의 한계는 인과응보의 교리에 갇혀서 그 결과 그들이 의도했든 아니했던 고통 속에 있는 욥을 정죄하는 상황으로 몰고 간다. 그러나 욥은 빌닷의 정죄함에 대해서 조목 조목 반박한다.

첫째, 욥의 가정에 내려진 혹독한 환난과 고통에 대해 욥 자신은 여전히 온전하고 죄가 없음을 분명히 하고 있다(9:20~21 참조).

둘째, 자연 현상을 이용한 빌닷의 고발에 대해 욥은 자연 세계의 창조자요 운행자인 하나님의 본성을 힘차게 설명한다(9:5~10 참조). 하나님의 창조 질서와 섭리에 능통한 자는 정작 빌닷이 아니라 욥 자신임을 분명히 하고 있다.

셋째, 빌닷의 전형적인 선인과 악인의 대결 구도에 대하여 욥은 하나님께서 뜻하신다면 의인이나 악인이나 다 하나 같이 멸망하고 만다고 응대한다(9:22 참조). 아무리 선한 자라도 갑작스레 닥쳐오는 재난 앞에서는 오히려 그가 지켜왔던 의로움이 무색해지고 결국 절망으로 변화될 수밖에 없는 것이 인간사의 이치임을 지적하고 있다(9:23 참조). 그래서 욥은 여기서 그치지 않고 한발 더 나아가려 한다. 빌닷의 신랄한 비판과 정죄는 욥으로 하여금 하나님 앞에서 자신을 정죄하심에 대한 본격적 항변의 물꼬를 튼 사건으로 볼 수 있다. 빌닷의 심판적 선포를 당한 욥은 참을 수가 없다.

그래서 새로운 지혜의 발견을 통해 자신의 무고함에 대한 주장이 폭발한다. 욥이 획득한 새로운 지혜는 바로 법정투쟁이다. 본문 10장은 전무후무한 사람과 하나님 사이의 법정공방이 본격적으로 시작되는 장이다.

> “내가 하나님께 아뢰오리니 나를 정죄하지 마시옵고 무슨 까닭으로 나와 더불어 변론하시는지 내게 알게 하옵소서”(10:2).

새로운 지혜를 찾으려는 욥의 노력이 8~10장에 이르러 전무후무한 법정공방의 상황으로 치닫고 있음을 확인할 수 있다. 이는 곧 하나님 앞에 의로움을 증명키 위한 방법을 찾는 과정이다.

빌닷의 정죄함이 촉발점이 되어 욥은 사법적 용어를 빌려 오기에 이르렀고 법정용어의 발견은 그에게 자신의 불평과 항변을 담아 낼 수 있는 도구를 제공해 주었다. 따라서 이를 통하여 그의 마음은 폭발한다. 중심에 쌓였던 불만과 갈등을 쏟아내기 시작한 것이다.

그의 요지는 두 가지이다. 하나님에 대한 물음(10:2 참조)과 자신에 대한 물음(10:7 참조)이다.

제6단원
11-14장

11장. 소발의 첫 번째 권면

11:1 나아마 사람 소발이 대답하여 이르되.

☞ *소발*

이 곳에만 등장하는 사람으로 나아마 출신 사람으로 추정한다. 그의 성격은 매우 독단적이고 다혈질인 것 같다.
소발의 말은 관습적인 신앙으로는 정당하다고 할 수 있다.
다만 욥의 경우를 오해한 그의 말은 잘못되었다.

11:2 말이 많으니 어찌 대답이 없으랴. 말이 많은 사람이 어찌 의롭다 함을 얻겠느냐?

☞ *말이 많은 사람*

소발은 욥을 말쟁이로 몰아세우고 있다. 그리고 그의 많은 말이 결국 허물을 드러내고 불의한 자로 비판받을 수밖에 없음을 역설한다. 이는 구약 시대의 관습적 지혜 사상에 기초한 비판이다.

- **잠 10:19** 말이 많으면 허물을 면하기 어려우나 그 입술을 제어하는 자는 지혜가 있느니라.
- **잠 18:13** 사연을 듣기 전에 대답하는 자는 미련하여 욕을 당하느니라
- **전 5:3** 걱정이 많으면 꿈이 생기고 말이 많으면 우매한 자의 소리가 나타나느니라.

그러나 흥미로운 결과는 관습적 지혜 사상에 입각한 소발과 다른 친구들은 하나님 앞에서 의로움을 받지 못한다. 오히려 말쟁이인 욥이 옳다고 하나님께 인정받는다(42:7 참조).

11:3-4 네 자랑하는 말이 어떻게 사람으로 잠잠하게 하겠으며 네가 비웃으면 어찌 너를 부끄럽게 할 사람이 없겠느냐? 네 말에 의하면 내 도는 정결하고 나는 주께서 보시기에 깨끗하다 하는구나.

☞ *도*

믿음(belief)

11:5-6 하나님은 말씀을 내시며 너를 향하여 입을 여시고, 지혜의 오

묘함으로 네게 보이시기를 원하노니 이는 그의 지식이 광대하심이라. 하나님께서 너로 하여금 너의 죄를 잊게 하여 주셨음을 알라.

☞ 오묘

감추어진 것, 실체가 드러나지 않기 때문에 평범한 눈으로는 깨달을 수 없는 진리를 말함.

- **시 103:9-11** 자주 경책치 아니하시며 노를 영원히 품지 아니하시리로다 우리의 죄를 따라 우리를 처벌하지 아니하시며 우리의 죄악을 따라 우리에게 그대로 갚지는 아니하셨으니 이는 하늘이 땅에서 높음 같이 그를 경외하는 자에게 그의 인자하심이 크심이로다.
- **합 3:2** 여호와여 내가 주께 대한 소문을 듣고 놀랐나이다. 여호와여 주는 주의 일을 이 수년 내에 부흥하게 하옵소서 이 수년 내에 나타내시옵소서 진노 중에라도 긍휼을 잊지 마옵소서.

11:7 네가 하나님의 오묘함을 어찌 능히 측량하며 전능자를 어찌 능히 완전히 알겠느냐?

- **롬 11:33** 깊도다 하나님의 지혜와 지식의 부요함이여 그의 판단은 헤아리지 못할 것이며 그의 길은 찾지 못할 것이로다.

11:8-9 하늘보다 높으시니 네가 무엇을 하겠으며 스올보다 깊으시니 네가 어찌 알겠느냐? 그의 크심은 땅보다 길고 바다보다 넓으니라.

• **시 139:8** 내가 하늘에 올라갈지라도 거기 계시며 스올에 내 자리를 펼지라도 거기 계시니이다.

11:10 하나님이 두루 다니시며 사람을 잡아 가두시고 재판을 여시면 누가 능히 막을소냐?

☞ *사람을 잡아 가두시고*

사람을 감옥이나 환난의 그물에 가두시고 그에게 재판권을 행사하셔서 벌하심을 말한다.

• **잠 26:12** 네가 스스로 지혜롭게 여기는 자를 보느냐 그보다 미련한 자에게 오히려 희망이 있느니라.

11:11 하나님은 허망한 사람을 아시나니 악한 일은 상관하지 않으시는 듯하나 다 보시느니라.

☞ *허망한*

쓸모없는, 무가치한.

• **시 26:4** 허망한 사람과 같이 앉지 아니하였사오니 간사한 자와 동행하지도 아니하리이다.

11:12 허망한 사람은 지각이 없나니 그의 출생함이 들나귀 새끼 같으니라.

☞ *들나귀 새끼*

욥을 지칭한다고 볼 수 있으며 완고하고 거친 인간이란 뜻.

11:13 만일 네가 마음을 바로 정하고 주를 향하여 손을 들 때에,

☞ *손을 들 때에*

기도할 때에.

신자가 역경을 당하여 문제를 해결할 방법은 기도밖에 없다.

- **암 5:6** 너희는 여호와를 찾으라 그리하면 살리라 그렇지 않으면 그가 불같이 요셉의 집에 임하여 멸하시리니 벧엘에서 그 불들을 끌 자가 없으리니,

11:14-15 네 손에 죄악이 있거든 멀리 버리라. 불의가 네 장막에 있지 못하게 하라. 그리하면 네가 반드시 흠 없는 얼굴을 들게 되고 굳게 서서 두려움이 없으리니,

하나님의 사죄의 약속을 믿는 자는 진실히 죄를 회개하게 된다.

- **사 1:18** 여호와께서 말씀하시되 오라 우리가 서로 변론하자 너희 죄가 주홍 같을지라도 눈과 같이 희어질 것이요 진홍같이 붉을지라도 양털 같이 희게 되리라.

11:16-17 곧 네 환난을 잊을 것이라. 네가 기억할지라도 물이 흘러감 같을 것이며, 네 생명의 날이 대낮보다 밝으리니 어둠이 있다 할지라도 아침과 같이 될 것이요.

- **시 37:6** 네 의를 빛같이 나타내시며 네 공의를 정오의 빛 같

이 하시리로다.

11:18-19 네가 희망이 있으므로 안전할 것이며 두루 살펴보고 평안히 쉬리라. 네가 누워도 두렵게 할 자가 없겠고 많은 사람이 네게 은혜를 구하리라.

☞ *은혜를 구하리라*

도움 또한 호의(favor)를 말한다.

11:20 그러나 악한 자들은 눈이 어두워서 도망할 곳을 찾지 못하리니 그들의 희망은 숨을 거두는 것이니라.

12장. 소발의 권면에 대한 욥의 대답

12:1-3 욥이 대답하여 이르되, 너희만 참으로 백성이로구나 너희가 죽으면 지혜도 죽겠구나. 나도 너희 같이 생각이 있어 너희만 못하지 아니하니 그 같은 일을 누가 알지 못하겠느냐?

12:4 하나님께 불러 아뢰어 들으심을 입은 내가 이웃에게 웃음거리가 되었으니 의롭고 온전한 자가 조롱거리가 되었구나!

☞ *들으심을 입은*

기도의 응답을 받은 아무리 의로운 사람일지라도 그가 환난에 빠졌으면 사람들의 조소거리가 된다.

12:5 평안한 자의 마음은 재앙을 멸시하나 재앙이 실족하는 자를 기다리는구나.

12:6 강도의 장막은 형통하고 하나님을 진노하게 하는 자는 평안하니 하나님이 그의 손에 후히 주심이니라.

악인들이 이 세상에서 형통하는 일들이 있다는 것이다. 이런 사람들에 대해 성경은 그들의 날들이 길지 못하는 고로 불행하다고 한다.

☞ *강도의 장막은 형통하고*

자신과 친구들을 놓고 볼 때 악한 자는 번영하고 오히려 의로운 자가 고난을 받는다는 욥의 주된 관점을 나타내는 말이다.

• **시 37:14** 악인이 칼을 빼고 활을 당겨 가난하고 궁핍한 자를 엎드러뜨리며 행위가 정직한 자를 죽이고자 하나.

☞ *하나님이 그의 손에 후히 주심이니라*

강도나 하나님을 진노케 하는 자들에게 후히 주신다는 말이 이해되지 않는다. 그러나 이는 현실에 대한 적나라한 고발이다. 인과응보 이론에 위배된 악인들의 형통에 대한 문제를 다루고 있다. 하나님을 자기 멋대로 해석하는 자들 또한 자기의 이익에 따라 믿는 자들에 대한 고발이다. 지금 욥 앞에서 욥을 정죄하고 있는 친구들의 하나님 이야기 자체가 온전한 하나님 이해가 아닌 아전인수 격의 말임을 욥은 반박하고 있는 것이다.

• **시 37:35-36** 내가 악인의 큰 세력을 본즉 그 본래의 땅에 서 있는 나무 잎이 무성함과 같으나 내가 지나갈 때에 그는 없어졌나니 내가 찾아도 발견하지 못하였도다.

12:7-10 이제 모든 짐승에게 물어보라. 그것들이 네게 가르치리라. 공중의 새에게 물어보라. 그것들이 또한 네게 말하리라. 땅에게 말하라. 네게 가르치리라. 바다의 고기도 네게 설명하리라. 이것들 중에 어느 것이 여호와의 손이 이를 행하신 줄을 알지 못하랴. 모든 생물의 생명과 모든 사람의 육신의 목숨이 다 그의 손에 있느니라.

12:11–12 입이 음식의 맛을 구별함 같이 귀가 말을 분간하지 아니하느냐? 늙은 자에게 지혜가 있고 장수하는 자에게 명철이 있느니라.

☞ *명철*

하나님과 인간 양쪽에 사용된 말로 뛰어난 지력, 탁월한 이해력과 통찰력을 의미한다.

12:13 지혜와 권능이 하나님께 있고 계략과 명철도 그에게 속하였나니,

☞ *계략*

용한 꾀와 거기에 따른 방책.

12:14–16 그가 헐으신즉 다시 세울 수 없고 사람을 가두신즉 놓아주지 못하느니라. 그가 물을 막으신즉 곧 마르고 물을 보내신즉 곧 땅을 뒤집나니 능력과 지혜가 그에게 있고 속은 자와 속이는 자가 다 그에게 속하였으므로,

12:17 모사를 벌거벗겨 끌어가시며 재판장을 어리석은 자가 되게 하시며,

☞ *모사를 벌거벗겨 끌어가시며*

땅 위에 있는 인간의 지혜가 아무리 높아도 또한 훌륭한 계획을 세워도 하나님은 그 계획을 파하시며 이들로 벌거벗겨 끌려가고 포로와 노예처럼 비참한 종국을 맞게 하신다.

12:18 왕들이 맨 것을 풀어 그들의 허리를 동이시며,

☞ *허리를 동이시며*

열왕의 맨 것을 풀러 왕의 신분을 박탈함으로서 종이나 포로의 신분이 됨을 말한다.

12:19 제사장들을 벌거벗겨 끌어가시고 권력이 있는 자를 넘어뜨리시며,

☞ *제사장*

욥기에 한 번 사용된 말로서 존귀한 계층을 말한다. 욥의 시대에는 모세에 의해서 시행된 제사장 제도가 없었다.

12:20-21 충성된 사람들의 말을 물리치시며 늙은 자들의 판단을 빼앗으시며, 귀인들에게 멸시를 쏟으시며 강한 자의 띠를 푸시며,

☞ *귀인들*

위대한 자로 번역되며 귀족을 가리키는 말

☞ *띠를 푸시며*

띠를 푼다는 것은 권력에 의해 체포 무력화를 의미한다.

- **시 107:40** 여호와께서 고관들에게는 능욕을 쏟아 부으시고 길 없는 황야에서 유리하게 하신다.

12:22 어두운 가운데에서 은밀한 것을 드러내시며 죽음의 그늘을 광명한 데로 나오게 하시며,

- **단 2:22** 그는 깊고 은밀한 일을 나타내시고 어두운 데 있는

것을 아시며 또 빛이 그와 함께 있도다.

12:23-24 민족들을 커지게도 하시고 다시 멸하기도 하시며 민족들을 널리 퍼지게도 하시며 다시 끌려 가게도 하시며 만민의 우두머리들의 총명을 빼앗으시고 그들을 길 없는 거친 들에서 방황하게 하시며,

☞ *방황*

목적지 없이 이리저리 헤매어 돌아다님.

12:25 빛 없이 캄캄한 데를 더듬게 하시며 취한 사람 같이 비틀거리게 하시느니라.

13장. 욥의 변론

13:1-3 나의 눈이 이것을 다 보았고 귀가 이것을 듣고 깨달았느니라. 너희 아는 것을 나도 아노니 너희만 못하지 않으니라. 참으로 나는 전능자에게 말씀하려 하며 하나님과 변론하려 하노라.

☞ *하나님과 변론하려 하노라*

하나님과 의논하겠다는 뜻이고 그와 다투겠다는 것은 아니다.

• **사 1:18** 여호와께서 말씀하시되 오라 우리가 서로 변론하자 너희의 죄가 주홍 같을지라도 눈과 같이 희어질 것이요, 진홍 같이 붉을지라도 양털 같이 되리라.

13:4 너희는 거짓말을 지어내는 자요 다 쓸모없는 의원이니라.

☞ *쓸모없는 의원*

병의 원인도 모르는 돌팔이 같은 의사를 말함.

• **시 119:69** 교만한 자들이 거짓을 지어 나를 치려하였사오나 나는 전심으로 주의 법도들을 지키리이다.

13:5 너희가 참으로 잠잠하면 그것이 너희의 지혜일 것이니라.

욥은 그 친구들의 변론이 그들이 경건하게 하나님을 위한다고 하지만 그들의 말이 의롭지 못하다는 사실과(7절) 그들이 자기를 향하여 죗값으로 환난을 당한다고 주장하는 데 그것은 자기에게 해당되지 않는다는 사실이다.(8절)

☞ *지혜*

여기서는 현명함을 뜻한다.

13:6-7 너희는 나의 변론을 들으며 내 입술의 변명을 들어보라. 너희가 하나님을 위하여 불의를 말하려느냐, 그를 위하여 속임을 말하려느냐?

13:8 너희가 하나님의 낯을 따르려느냐, 그를 위하여 변론하려느냐?

☞ *하나님의 낯을 따르려느냐*

하나님의 편에 서서 아첨을 하려 하느냐.

13:9 하나님이 너희를 감찰하시면 좋겠느냐, 너희가 사람을 속임같이 그를 속이려느냐?

• **갈 6:7** 스스로 속이지 말라 하나님은 업신여김을 받지 아니하시나니 사람이 무엇으로 심든지 그대로 거두리라.

13:10 만일 너희가 몰래 낯을 따를진대 그가 반드시 책망하시리니,

☞ *만일 낯을 따를진대*

만일 계속해서 편협하게 아첨함.

13:11 그의 존귀가 너희를 두렵게 하지 않겠으며 그의 두려움이 너희

위에 임하지 않겠느냐?

• **사 44:20** 그는 재를 먹고 허탄한 마음에 미혹되어 자기의 영혼을 구원하지 못하며 나의 오른손에 거짓 것이 있지 아니하냐 하지도 못하느니라.

13:12 너희 격언은 재 같은 속담이요 너희가 방어하는 것은 토성이니라.

☞ *재 같은 속담*

무가치하고 쓰레기 같은 교훈을 뜻한다.

☞ *너희의 방어하는 것은 토성이니라*

너희가 주장하는 것은 무너지기 쉬운 흙으로 만든 성이다.

13:13-14 너희는 잠잠하고 나를 버려두어 말하게 하라. 무슨 일이 닥치든지 내가 당하리라. 내가 어찌하여 내 살을 내 이로 물고 내 생명을 내 손에 두겠느냐?

짐승이 고기를 입에 물고 놓지 않으려고 싸우는 것처럼 욥 자신은 자기의 생명을 자기 힘으로 구원하려고 애쓸 필요가 없다고 한다. 욥은 하나님 밖에서는 살 소망이 없다고 단언한다.

13:15 그가 나를 죽이시리니 내가 희망이 없노라. 그러나 그의 앞에서 내 행위를 아뢰리라.

☞ *아뢰리라*

명백하게 한다. 변호하다.

13:16 경건하지 않는 자는 그 앞에 이르지 못하나니 이것이 나의 구원이 되리라.

☞ *경건하지 않는 자*

외식하는 자.

13:17-19 너희들은 내 말을 분명히 들으라. 내가 너희 귀에 알려 줄 것이 있느니라. 보라 내가 내 사정을 진술하였거니와 내가 정의롭다 함을 얻을 줄 아노라. 나와 변론할 자가 누구이랴! 그러면 내가 잠잠하고 기운이 끊어지리라.

13:20-21 오직 내게 이 두 가지 일을 행하지 마옵소서. 그리하시면 내가 주의 얼굴을 피하여 숨지 아니하오리니, 곧 주의 손을 대지 마시오며 주의 위엄으로 나를 두렵게 하지 마실 것이니이다.

☞ *두 가지 일*

육체에 대한 고난과 정신적인 두려움을 뜻한다.

13:22 그리하시고 주는 나를 부르소서. 내가 대답하리이다. 혹 내가 말씀하게 하옵시고 주는 내게 대답하옵소서.

욥은 자기가 당하는 고난의 원인이 될 만한 죄가 자기에게 없다고 하면서 주님의 심문에 응답하기를 원한다. 이것은 진리와 사실에 입각한 그의 신앙 담력이다. 이런 애원을 주님을 대항함이 아니고 사랑으로 그를 의뢰하는 신앙이다.

13:23-24 나의 죄악이 얼마나 많으니이까? 나의 허물과 죄를 내게 알게 하옵소서. 주께서 어찌하여 얼굴을 가리시고 나를 주의 원수로 여기시나이까?

13:25 주께서 어찌하여 날리는 낙엽을 놀라게 하시며 마른 검불을 뒤쫓으시나이까?

☞ *날리는 낙엽, 마른 검불*

다 죽어가고 허약한 자신을 표현하고 있다.

13:26 주께서 나를 대적하사 괴로운 일들을 기록하시며 내가 젊었을 때에 지은 죄를 내가 받게 하시오며,

욥이 어렸을 때 지었을지 자신도 모르는 죄.

13:27 내 발을 차꼬에 채우시며 나의 모든 길을 살피사 내 발자취를 점검하시나이다.

☞ *차꼬*

죄수의 발목에 채워 도망가지 못하게 하는 형틀의 일종이다.

13:28 나는 썩은 물건의 낡아짐 같으며 좀 먹은 의복 같으니이다.

14장. 욥이 절망에서 희망을 구함

14:1 여인에게서 태어난 사람은 생애가 짧고 걱정이 가득하며,

☞ *여인에게서 태어난 사람*

모든 인생 또는 유한하고 연약한 인생을 비유하는 말이다.

• **시 39:4-7** 여호와여 나의 종말과 연한이 언제까지인지 알게 하사 내가 나의 연약함을 알게 하소서 주께서 나의 날을 한 뼘 길이만큼 되게 하시매 나의 일생이 주의 앞에는 없는 것 같사오니 사람은 그가 든든히 서 있는 때에도 진실로 모두가 허사 뿐이니이다(셀라). 진실로 각 사람은 그림자 같이 다니고 헛된 일로 소란하며 재물을 쌓으나 누가 거둘는지 알지 못하나이다. 주여 이제 내가 무엇을 바라리요 나의 소망은 주께 있나이다.

14:2 그는 꽃과 같이 자라나서 시들며 그림자 같이 지나가며 머물지 아니하거늘.

☞ *그림자 같이*

그림자는 실상이 아니고 허상이다. 순간적으로 사라진다.

14:3-4 이와 같은 자를 주께서 눈 여겨 보시나이까? 나를 주 앞으로 이끌어서 재판하시나이까? 누가 깨끗한 것을 더러운 것 가운데서 낼 수 있으리이까? 하나도 없나이다.

☞ *깨끗한 것*

순수한 것(pure)

이것은 노력을 강조한 말이다. 사람이 게으르면 그의 마음에 부패와 죄악이 발생하여서 마침내 망하게 된다. 신령한 축복도 힘쓰는 자가 받는다.

• **마 11:12** 세례 요한의 때부터 지금까지 천국은 침노를 당하나니 침노하는 자는 빼앗느니라.

14:5 그의 날을 정하셨고 그의 달수도 주께 있으므로 그의 규례를 정하여 넘어가지 못하게 하셨아온즉,

☞ *그의 날을 정하셨고*

인간의 삶의 날들은 하나님께서 미리 정하셨음을 말한다.

14:6 그에게서 눈을 돌이켜 그가 품꾼 같이 그의 날을 마칠 때까지 그를 홀로 있게 하옵소서.

☞ *품꾼 같이*

품꾼은 일정 기간 일을 하고 품삯을 받는다. 욥은 의인의 고난도 기간이 있으며 이 기간이 끝나면 하나님의 상급이 있는 것을 믿었다.

14:7-10 나무는 희망이 있나니 찍힐지라도 다시 움이 나서 연한 가지가 끊이지 아니하며, 그 뿌리가 땅에서 늙고 줄기가 흙에서 죽을지라도, 물 기운에 움이 돋고 가지가 뻗어 새로 심은 것과 같거니와, 장정

이라도 죽으면 소멸되나니 인생이 숨을 거두면 그가 어디 있느냐?

• **사 11:1** 이새의 줄기에서 한 싹이 나며 그 뿌리에서 한 가지가 나서 결실할 것이요,

14:11-12 물이 바다에서 줄어들고 강물이 잦아서 마름 같이, 사람이 누우면 다시 일어나지 못하고 하늘이 없어지기까지 눈을 뜨지 못하며 잠을 깨지 못하느니라.

14:13 주는 나를 스올에 감추시며 주의 진노를 돌이키실 때까지 나를 숨기시고 나를 위하여 규례를 정하시고 나를 기억하옵소서.

본래 "스올"은 구약시대의 관념으로서는 죽은 자들이 가는 곳 그 이상도 그 이하도 아니었다. 그런데 본문에서 욥은 스올 이후의 삶을 내다본다. 잠시 그곳에 감추어 두었다가 하나님께서 그 이후에 그를 기억하시도록 간구한다. 전통적 구약 사상에서 하나님은 죽음 후의 세계와 아무런 관련이 없다.

그러나 욥의 간구를 통해서 하나님의 능력이 이제 죽음의 세계까지 확장된다.

• **시 27:5** 여호와께서 환난 날에 나를 그의 초막 속에 비밀히 지키시고 그의 장막 은밀한 곳에 나를 숨기시며 바위 위에 두시리로다.

부활과 관련된 유사한 표현들

- **호 6:1-3** 오라 우리가 여호와께로 돌아가자 여호와께서 우리를 찢으셨으나 도로 낫게 할 것이요 우리를 치셨으나 싸매어 주실 것임이라. 여호와께서 이틀 후에 우리를 살리시며 셋째 날에 우리를 일으키시리니 우리가 그의 앞에서 살리라. 그러므로 우리가 여호와를 알자 힘써 여호와를 알자 그의 나타나심은 새벽 빛 같이 어김없나니 비와 같이 땅을 적시는 늦은 비와 같이 우리에게 임하시리라 하니라.
- **사 26:19** 주의 죽은 자들은 살아나고 그들의 시체들은 일어나리이다. 티끌에 누운 자들아 너희는 깨어 노래하라. 주의 이슬은 빛난 이슬이니 땅이 죽은 자를 내놓으리로다.

14:14 장정이라도 죽으면 어찌 다시 살리이까? 나는 나의 모든 고난의 날 동안을 참으면서 풀려나기를 기다리겠나이다.

☞ *사람이 죽으면 어찌 다시 살리이까*

이는 영혼이 아닌 육신의 죽음을 뜻한다

☞ *모든 고난의 날*

이 세상 생애의 기간이 고통과 슬픔으로 가득차 있는 것을 암시한다.

If a man dies, will he live again? All the days of my hard sesvice I will wait for my renewal to come.

14:15 주께서는 나를 부르시겠고 나는 대답하겠나이다. 주께서는 주

의 손으로 지으신 것을 기다리시겠나이다.

☞ *주의 손으로 지으신 것*

이것은 욥의 육신을 가리킨다.

☞ *기다리겠나이다*

하나님께서 구원하신다는 뜻인데 욥의 단호한 부활 신앙을 뜻한다.

14:16 그러하온데 이제 주께서 나의 걸음을 세시오니 나의 죄를 감찰하지 아니하시나이까?

욥은 다시 하나님께 긍휼을 빈다. 그는 하나님이 자기의 죄악을 기억하고 벌하시는 듯한 재앙을 면하여 주시기를 바란다.

☞ *걸음을 세시오니*

사람이 바른 길로 가지 않고 곁길로 가면 곧 처벌하신다는 의미이다.

● **시 90:13-15** 여호와여 돌아오소서 언제까지니이까 주의 종들을 불쌍히 여기소서. 아침에 주의 인자하심이 우리를 만족하게 하사 우리를 일생 동안 즐겁고 기쁘게 하소서. 우리를 괴롭게 하신 날수대로와 우리가 화를 당한 연수대로 우리를 기쁘게 하소서.

14:17 주는 내 허물을 주머니에 봉하시고 내 죄악을 싸매시나이다.

☞ *봉하시고*

간직하시고의 뜻이다.

• **호 13:12** 에브라임의 불의가 봉함되었고 그 죄가 저장되었나니

14:18-19 무너지는 산은 반드시 흩으시고 바위는 그 자리에서 옮겨가고, 물은 돌을 닳게 하고 넘치는 물은 땅의 티끌을 씻어버리나이다. 이와 같이 주께서는 사람의 희망을 끊으시나이다.

14:20 주께서 사람을 영원히 이기셔서 떠나게 하시며 그의 얼굴빛을 변하게 하시고 쫓아보내시오니.

☞ *그의 얼굴빛을 변하게 하시고*

인간이 죽을 때에 그의 얼굴 빛이 변함을 가리킨다.

14:21:22 그의 아들들이 존귀하게 되어도 그가 알지 못하며 그들이 비천하게 되어도 그가 깨닫지 못하나이다. 다만 그의 살이 아프고 그의 영혼이 애곡할 뿐이니이다.

☞ *살이 아프고*

몸이 아프다.

소발의 발언은 하나님의 지혜의 오묘함(11:5~12 참조)과 욥에 대한 회개를 종용하는 말(11:13~19 참조)로 이루어져 있는데 이 중 간접적인 재판의 행위(11:10~11 참조) 즉, "하나님은 두루 다니시며 사람을 잡아가두시고 재판을 여시면 누가 능히 막을소냐 하나님은 허망한 사람을 아시나니 악한 일은 상관하지 않으시는 듯하나 다 보시느니라."가 처음으로 나타난다. 11장에서 소발이 말하고자 하는 주제는 하나님의 뜻과 지혜의 비밀을 인간인 우리가 이해하기는 힘들다(11:5~7 참조)는 사실이다. 소발은 욥의 주장을 한마디로 잘 정리한다.

"네 말에 의하면 내 도는 정결하고 나는 주께서 보시기에 깨끗하다 하는구나"(11:4).

욥이 자기 의로움을 주장함에 대하여 하나님의 오묘함 앞에서 잠잠하기를 설득한다.

"하늘보다 높으시니 네가 무엇을 하겠으며 스올보다 깊으시니 네가 어찌 알겠느냐"(11:8)?

"하나님은 허망한 사람을 아시나니 악한 일은 상관하지 아니하시는 듯하나 다 보시느니라"(11:11).

욥은 그저 하나님 앞에 자신의 죄를 버리고 주께 향하는 일이 상책임을 주장한다(11:13~14 참조). 특징적인 것은 욥의 법정재판의 용어를 소발이 가장 먼저 사용하고 있다는 점이다(11:10 참조). 그만큼 욥의 법정소송의 언어는 친구들까지 그 재판의 현장으로 초청한다. 욥의 답변의 골자는 소발이 말한 하나님의 오묘함을 어찌 인간이 알 수 있겠느냐에 대한 반대 답변으로 심지어 짐승도 알고 있다(12:7~9 참조)고 주장한다.

"이것들 중에 어느 것이 여호와의 손이 이를 행하신 줄을 알지 못하랴"(12:9)

자연 세계의 모든 피조물이 다 여호와의 손의 행사를 알고 있다는 것이다. 욥은 역사와 자연의 주권적 섭리가 모두 하나님에게 속한 영역임을 인정한다(12:14~15 참조). 욥이 친구들에게 말하고자 하는 것은 두 가지다. 하나는 친구들이 아는 것은 다 자신이 이미 알고 있는 내용이기에 더 이상 말하기를 그치고 잠잠해 주기를 바라는 것(13:2,5,13 참조)과 다른 하나는 자신은 지금 하나님에게 무고함을 변론하려 한다는 것(13:3 참조)이다. 욥의 이러한 두 가지 주장의 결과로서 친구들을 하나님과의 법정공방의 현장으로 인도한다.

"너희는 나의 변론을 들으며 내 입술의 변명을 들어보라"(13:6). "너희들은 내 말을 분명히 들으라 내가 너희 귀에 알려 줄 것이 있느니라"(13:17).

이곳에서 욥은 자신만의 새로운 지혜를 발견한 것으로 끝나지 아니하고 친구들을 새로운 지혜의 장으로 초청하고 있다. 욥은 자신이 고발을 당하고 코너로 몰리는 상황에서 오히려 어느 순간(새로운 지혜를 발견한 이후)부터 주도적인 위치에서 친구들을 이끌고 있다. 고난을 당하는 자가 도리어 위로하러 온 자들을 이끄는 모습이다.

욥은 친구들을 초청한 이후 다시금 하나님과의 법정소송의 자리를 마련한다.

"곧 주의 손을 내게 대지 마시오며 주의 위엄으로 나를 두렵게 하지마실 것이니이다. 그리하시고 주는 나를 부르소서 내가 대답하리이다. 혹 내가 말씀하게 하옵시고 주는 내게 대답하옵소서"(13:21-22).

욥은 당당히 하나님과 친구들에게 법정공방을 벌일 것을 선포한다. 그의 법정주장의 요지는 자신의 허물과 죄를 알게 해달라는 요청이다(13:23 참조). 그러나 이미 그는 자신의 무고함이 증명될 것임을 확신하고 있다.

“보라 내가 내 사정을 진술하였거니와 내가 정의롭다함을 얻을 줄 아노라”(13:18).

14장에 이르러 욥은 법정소송의 자리에서 다시금 자신의 고난의 상황에 대해 탄식하며 하나님께서 놓아주기를 간구한다(14:1~6 참조). 동시에 나무보다도 못한 인생의 죽음에 대하여 묵상한다(14:7~12 참조) 그러나 중요한 사실이 나타나는데 죽음의 파국에 대하여 이야기하다가 돌연 죽음 이후의 삶, 즉 무덤에 내려간 이후의 삶에 대하여 하나님께 깊게 간구한다.

“주는 나를 스올에 감추시며 주의 진노를 돌이키실 때까지 나를 숨기시고 나를 위하여 규례를 정하시고 나를 기억하옵소서”(14:13.)

구약성서의 신앙관이 무덤으로 내려가면서 인생의 종국을 말하는 것을 감안한다면 무덤으로 내려간 이를 어느 시간이 지난 다음 기억한다는 것은 혁명적 신앙관이 아닐 수 없다. 더욱이 이는 새로운 지혜의 발견의 결과요 강한 소망이 아닐 수 없다.

그러나 14장 후반부는 다시금 탄식과 절망 가운데로 돌아가지만(14:18~22 참조) 우리는 욥의 고난이 그에게 가져다준 새로운 획기적인 국면을 보게 된다. 곧 죽음 후의 세계에 대한 관념이 전무한 구약시대에, 더 멀리 족장시대에 부활에 대한 개념이 싹이 텄다는 사실이다.

욥기에서 놀라운 사실 중 하나는 하나님과 인간의 관계에 있어서 새로운 지혜를 도입함으로써 하나님과의 관계성에 혁명적 변화가 일어나는 점이다. 본래 옛 관습적인 신앙에서 인간은 감히 하나님 앞에 나아갈 수 없는 존재요 거룩하심 앞에 죽을 수밖에 없는 존재였다. 그러나 욥이 자신의 고통은 호소할 수 있는 새로운 지혜, 즉 법정언어를 도입함으로써 하나님과의 대화가 불가능한 상황으로부터(9:35 참조) 조금씩 가능성을 내다보는 단계로 발전하며(13:22 참조) 결국 하나님과 일대일로 서서 법정논의를 벌일 수 있는 상황으로까지(14:15 참조) 나아가고 있다. 이는 욥기 마지막 순간에 실제로 성취된다.

> "내가 말하겠사오니 주는 들으시고 내가 주께 묻겠사오니 주여 내게 알게 하옵소서"(42:4).

"여호와께서 폭풍우 가운데에서의 말씀"(38:1)과 이전에 이미 하나님과 마주하여 대화하는 상황을 연출하고 있는 모습은 그만큼 새로운 법정언어의 지혜를 발견한 자체가 새로운 하나님 체험을 실질적으로 가능케 하였다. 만약에 욥이 관습적 신앙에 머물러 있었다면 그는 하나님과의 관계로부터 철저히 떨어진 흑암 속에 신음할 수밖에 없었을 것이다. 그러나 새로운 지혜의 세계 속에서 하나님과의 관계는 연결되고 그 관계성은 더욱 친밀해져 간다.

욥의 고난은 어떤 면에서 초청이다. 욥은 친구들을 자신의 실존적 고통의 현장에서 그들을 하나님과의 법정토론의 장으로 초청한다. 그러나 실제로는 욥 자신이 하나님에 의해 초청되어진 상태이다. 하나님의 위대한 섭리의 세계로 욥은 그의 고난의 과정에서 조금씩 새로운 지혜들과 함께 하나님 앞으로 다가 간다.

제7단원
15-21장

15장. 엘리바스의 두 번째 권면

15:1 데만 사람 엘리바스가 대답하여 이르되

1-6절에서 엘리바스는 욥이 스스로 의롭다고 주장하고 하나님은 공경하지 않는 자라고 공격한다. 사람이 당하는 환난이 크다고 하여 그것이 반드시 그의 죗값이라고 인간이 판단하기는 어렵다. 남의 환난을 보는 자는 스스로 자기 죄를 판단하는 것이 옳다

• **눅 13:4-5** 또 실로암에서 망대가 무너져 치어 죽은 열여덟 사람이 예루살렘에 거한 다른 모든 사람보다 죄가 더 있는 줄

아느냐 너희에게 이르노니 아니라 너희도 만일 회개하지 아니하면 다 이와 같이 망하리라.

15:2 지혜로운 자가 어찌 헛된 지식으로 대답하겠느냐, 어찌 동풍을 그의 복부에 채우겠느냐?

☞ 동풍

근동지방의 동풍은 농작물에 무익할 뿐 아니라 도리어 해로운 바람이다.

15:3 어찌 도움이 되지 않는 이야기, 무익한 말로 변론하겠느냐?

15:4 참으로 네가 하나님 경외하는 일을 그만두어 하나님 앞에 묵도하기를 그치게 하는구나!

☞ 묵도

묵상기도.

- **시 119:97** 내가 주의 법을 어찌 그리 사랑하는지요 내가 그것을 종일 작은 소리로 읊조리나이다.

15:5-6 네 죄악이 네 입을 가르치나니 네가 간사한 자의 혀를 좋아하는구나! 너를 정죄한 것은 내가 아니요 네 입이라. 네 입술이 네게 불리하게 증언하느니라.

☞ 입술

욥의 언사가 교활함을 비유한 것으로 이는 욥이 하나님 앞에서 자기 무죄함을 증명할 수 있다고 말하고 또한 겸손과 회개할 것을 촉구하는 친구들에게 도리어 공격하고 있기 때문이다.

15:7-13 네가 제일 먼저 난 사람이냐? 산들이 있기 전에 네가 출생하였느냐? 하나님의 오묘하심을 네가 들었느냐? 지혜를 홀로 가졌느냐? 네가 아는 것을 우리가 알지 못하는 것이 무엇이냐? 네가 깨달은 것을 우리가 소유하지 못한 것이 무엇이냐? 우리 중에는 머리가 흰 사람도 있고 연로한 사람도 있고 네 아버지보다 나이가 많은 사람도 있느니라. 하나님의 위로와 은밀하게 하시는 말씀이 네게 작은 것이냐? 어찌하여 네 마음에 불만스러워 하며 네 눈을 번뜩거리며 네 영이 하나님께 분노를 터뜨리며 네 입을 놀리느냐?

15:14 사람이 어찌 깨끗하겠느냐 여인에게서 난 자가 어찌 의롭겠느냐?

☞ *여인에게서 난 자*

모든 인생 또는 허약하고 힘없는 인간을 비유하였다.

• **요일 1:8,10** 만일 우리가 죄가 없다고 말하면 스스로 속이고 또 진리가 우리 속에 있지 아니할 것이요, 만일 우리가 범죄하지 아니하였다 하면 하나님을 거짓말하는 이로 만드는 것이니 또한 그의 말씀이 우리 속에 있지 아니하니라.

15:15-16 하나님은 거룩한 자들을 믿지 아니하시나니 하늘이라도 그

가 보시기에 부정하거든, 하물며 악을 저지르기를 물 마심 같이 하는 가증하고 부패한 사람을 용납하시겠느냐?

☞ *거룩한 자들*

하나님의 보좌에서 섬기는 천사들을 말한다.

15:17-18 내가 네게 보이리니 내게서 들으라. 내가 본 것을 설명하리라. 이는 곧 지혜로운 자들이 전하여 준 것이니 그들의 조상에게서 숨기지 아니하였느니라.

15:19 이 땅은 그들에게만 주셨으므로 외인은 그들 중에 왕래하지 못하였느니라.

☞ *외인은 그들 중에 왕래하지 못하였느니라*

그들이 옛날부터 받아 내려온 전통적인 지혜는 외인의 풍조나 이단적인 사상의 침범을 당하지 아니하였다는 뜻

• **욜 3:17** 그런즉 너희가 나는 내 성산 시온에 사는 너희 하나님 여호와인줄 알 것이라 예루살렘이 거룩하리니 다시는 이방 사람이 그 가운데로 통행하지 못하리로다.

15:20 그 말에 이르기를 악인은 그의 일평생에 고통을 당하며 포악자의 햇수는 정해졌으므로,

15:21 그의 귀에는 무서운 소리가 들리고 그가 평안할 때에 멸망시키는 자가 그에게 이르리니,

☞ *무서운 소리*

공포의 소리이다.

15:22 그가 어두운데서 나오기를 바라지 못하고 칼날이 숨어서 기다리느니라.

15:23 그는 헤매며 음식을 구하여 이르기를 어디 있느냐 하며 흑암의 날이 가까운 줄을 스스로 아느니라.

☞ *헤매며*

나그네가 된다는 의미이며 이것은 악인이 자신을 보호해 줄 가족이나 동족을 떠나 보호받지 못하고 약자가 된다는 뜻이다.

- **시 109:9** 그의 자녀는 고아가 되고 그의 아내는 과부가 되며

15:24-25 환난과 역경이 그를 두렵게 하며 싸움을 준비한 왕처럼 그를 쳐서 이기리라. 이는 그의 손을 들어 하나님을 대적하며 교만하여 전능자에게 힘을 과시하였음이니라.

15:26-27 그는 목을 세우고 방패를 들고 하나님께 달려드니, 그의 얼굴에는 살이 찌고 허리에는 기름이 엉기었고,

☞ *살이 찌고*

가난한 자들을 수탈한 도덕적 타락의 결과가 사치와 무절제로 나타났음을 뜻한다.

15:28-29 그는 황폐한 성읍, 사람이 살지 않는 집, 돌무더기가 될 곳에 거주하였음이니라. 그는 부요하지 못하고 재산이 보존되지 못하고 그의 소유가 땅에서 증식되지 못할 것이라.

15:30 어두운 곳을 떠나지 못하리니 불꽃이 그의 가지를 말릴 것이라. 하나님의 입김으로 그가 불려가리라.

☞ *불꽃과 입김*

하나님의 진노와 심판을 의미한다.

15:31 그가 스스로 속아 허무한 것을 믿지 아니할 것은 허무한 것이 그의 보응이 될 것임이니라.

☞ *보응*

인과에 따라 선악이 되갚음 된다는 뜻이다.

- **사 59:4** 공의대로 소송하는 자도 없고 진실하게 판결하는 자도 없으며 허망한 것을 의뢰하며 거짓을 말하며 악행을 잉태하여 죄악을 낳으며,

15:32-33 그의 날이 이르기 전에 그 일이 이루어질 것인즉 그의 가지가 푸르지 못하리니, 포도 열매가 익기 전에 떨어짐 같고 감람 꽃이 곧 떨어짐 같으리라.

15:34 경건하지 못한 무리는 자식을 낳지 못할 것이며 뇌물을 받는 자의 장막은 불탈 것이라.

☞ *경건하지 못한 무리*

악하고 하나님을 믿지 않는 무리를 뜻한다.

15:35 그들은 재난을 잉태하고 죄악을 낳으며 그들의 뱃속에 속임을 준비하느니라,

• **갈 6:1** 형제들아 사람이 만일 무슨 범죄한 일이 드러나거든 신령한 너희는 온유한 심령으로 그러한 자를 바로잡고 너 자신을 살펴보아 너도 시험을 받을까 두려워하라.

16장. 엘리바스에 두 번째 권면에 대한 욥의 대답

16:1-2 욥이 대답하여 이르되, 이런 말은 내가 많이 들었나니 너희는 다 재난을 주는 위로자들이구나!

욥의 친구들은 욥의 특수한 경우를 모르는 상태에서 그의 실정에 맞지 않는 말로써 그에게 회개를 강요하였으므로 그것은 도리어 욥을 번뇌하게 하였다.

☞ *재난을 주는 위로자*

슬픔에 처한 자를 위로한다는 명목을 가지고 도리어 괴로움을 더하게 하는 거짓 위로자를 말한다.

16:3-4 헛된 말이 어찌 끝이 있으랴. 네가 무엇에 자극을 받아 이같이 대답하는가? 나도 너희처럼 말할 수 있나니 가령 너희 마음이 내 마음 자리에 있다 하자. 나도 그럴듯한 말로 너희를 치며 너희를 향하여 머리를 흔들 수 있느니라.

☞ *머리를 흔들 수 있다*

조롱이나 인간 행위를 정죄할 때 사용하는 몸짓이나 표현

• **렘 18:16** 그들의 땅으로 두려움과 영원한 웃음거리가 되게 하리니 그리로 지나는 자마다 놀라서 그의 머리를 흔들리라.

16:5 그래도 입으로 너희를 강하게 하며 입술의 위로로 너희 근심을 풀었으리라.

16:6-7 내가 말하여도 내 근심이 풀리지 아니하고 잠잠하여도 내 아픔이 줄어들지 않으리라. 이제 주께서 나를 피로하게 하시고 나의 온 집안을 패망하게 하셨나이다.

☞ *나의 온 집안*

나의 모든 가족을 뜻한다.

☞ *패망하게*

만신창이로 만드셨다는 뜻이다.

16:8 주께서 나를 시들게 하셨으니 이는 나를 향하여 증거를 삼으심이라. 나의 파리한 모습이 일어나서 대면하여 내 앞에서 증언하리이다.

☞ *시들게*

무기력하고 쭈글쭈글한 불쌍한 상태이다.

You have bound me and it has become a witness my gauntness rises up and testies against me.

16:9 그는 진노하사 나를 찢고 적대시 하시며 나를 향하여 이를 갈고 원수가 되어 날카로운 눈초리로 나를 보시고,

☞ *적대시*

적으로 여기는 것

☞ *날카로운 눈초리로 나를 보시고*

눈을 흘겨보신다는 뜻이다.

16:10 무리들은 나를 향하여 입을 크게 벌리며 나를 모욕하여 뺨을 치며 함께 모여 나를 대적하는구나!

- **시 22:13** 내게 그 입을 벌림이 찢으며 부르짖는 사자 같으니이다.

16:11 하나님이 나를 악인에게 넘기시며 행악자의 손에 던지셨구나!

예수님이 경건치 않은 본디오 빌라도와 유대인들에게 던져졌다.

16:12-13 내가 평안하더니 그가 나를 꺾으시며 내 목을 잡아 나를 부서뜨리시며 나를 세워 과녁을 삼으시고, 그의 화살들이 사방에서 날아와 사정 없이 나를 쏨으로 그는 내 콩팥들을 꿰뚫고 그는 내 쓸개

가 땅에 흘러나오게 하시는구나!

16:14-15 그가 나를 치고 다시 치며 용사 같이 내게 달려드시니, 내가 굵은 베를 꿰매어 내 피부에 덮고 내 뿔을 티끌에 더럽혔구나!

☞ *베를 꿰매어 내 피부에 덮고*

베옷은 상복이다. 이것을 꿰매었다는 것은 욥의 애곡과 고통의 정도가 매우 심하고 지속적이었음을 설명한다.

☞ *내 뿔을 티끌에 더럽혔구나*

욥의 권세와 영예가 없어졌다는 뜻이다. 그는 원망하지 않고 계속 하나님께 기도하였으니 미래에 큰 복을 받는 것이 명백하다.

• **약 4:6** 그러나 더욱 큰 은혜를 주시나니 그러므로 일렀으되 하나님이 교만한 자를 물리치시고 겸손한 자에게 은혜를 주신다 하였느니라.

16:16 내 얼굴은 울음으로 붉었고 내 눈꺼풀에는 죽음의 그늘이 있구나!

16:17 그러나 내 손에는 포학이 없고 나의 기도는 정결하니라.

☞ *포학이 없고*

욥은 자기에게는 잔인하고 사악함이 없다고 말한다. 여기서는 엘리바스가 말한 약탈과 도적의 비난을 가리킨다.

16:6-17절에서 욥은 무서운 환난이 하나님께로부터 온 줄을 안다. 그는 하나님이 자신을 치셨으나 싸매어 주실 것을 안다.

• **히 12:6** 주께서 그 사랑하시는 자를 징계하시고 그가 받아들이시는 아들마다 채찍질하심이니라 하였으니

• **호 6:1** 오라 우리가 여호와께로 돌아가자 여호와께서 우리를 찢으셨으나 도로 낫게 하실 것이요 우리를 치셨으나 싸매어 주실 것임이라.

16:18 땅아 내 피를 가리지 말라. 나의 부르짖음이 쉴 자리를 잡지 못하게 하라.

☞ *땅아 내 피를 가리지 말라*

고대사회에서는 무죄한 피를 흘릴 경우 그 피는 하나님께 복수를 호소한다는 사상이 있었다. 또한 그것은 복수가 이루어질 때까지 그대로 땅에 남아 있다는 것이다.

• **사 26:21** 보라 여호와께서 그 처소에서 나오사 땅의 거민의 죄악을 벌하실 것이라 땅이 그 위에 잦았던 피를 드러내고 그 살해당한 자를 다시는 덮지 아니하리라.

• **창 4:10** 네가 무엇을 하였느냐 네 아우의 핏소리가 땅에서부터 내게 호소하느니라.

16:19 지금 나의 증인이 하늘에 계시고 나의 중보자가 높은 데 계시

니라.

☞ *중보자*

대변인 또는 변호인을 말한다.

예수 그리스도 안에 있는 은혜의 복음을 예표 한다. 욥에게는 도울만한 다른 사람이 없다. 그래서 욥은 하나님을 향해서 눈물을 흘리며 하나님이 사람과 하나님 사이에, 또 친구들 사이에 중재자를 호소한다. 이것은 장차 오실 예수님의 예표이다.

16:20 나의 친구는 나를 조롱하고 내 눈은 하나님을 향하여 눈물을 흘리니,

16:21-22 사람과 하나님 사이에와 인자와 이웃 사이에 중재하시기를 원하노니, 수년이 지나면 나는 돌아오지 못할 길로 갈 것임이니라.

☞ *중재*

다툼이 생겼을 때 쌍방 사이에서 화해시킴을 말한다.

17장. 욥의 탄식

17:1-2 나의 기운이 쇠하였으며 나의 날이 다하였고 무덤이 나를 위하여 준비 되었구나! 나를 조롱하는 자들이 나와 함께 있으므로 내 눈이 그들의 충동함을 항상 보는구나!

17:3 청하건대 나에게 담보물을 주소서. 나의 손을 잡아 줄 자가 누구리이까?

욥은 하나님이 자기의 무죄를 확증하시고 담보물을 주시기를 원한다. 욥은 여기서 하나님 외에 구원의 중보자가 없음을 확언하였으니 이것은 신약의 그리스도를 예언한 말씀이라고 할 수 있다.

☞ *손을 잡아 줄 자*

보증인이 되어 법적 책임을 같이 질 자.

- **히 7:22** 이와 같이 예수는 더 좋은 언약의 보증이 되셨느니라.

17:4 주께서 그들의 마음을 가리어 깨닫지 못하게 하셨사오니 그들을 높이지 마소서.

☞ *그들을 높이지 마소서*

하나님이 그들을 옳다고 인정하지 마소서.

17:5 보상을 얻으려고 친구를 비난하는 자는 그의 자손들의 눈이 멀게 되리라.

17:6 하나님이 나를 백성의 속담거리가 되게 하시니 그들이 내 얼굴에 침을 뱉는구나!

- **신 28:37** 여호와께서 너를 끌어가시는 모든 민족 중에서 네가 놀람과 속담과 비방거리가 될 것이라.

17:7 내 눈은 근심 때문에 어두워지고 나의 온 지체는 그림자 같구나!

☞ *지체*

팔다리와 몸을 말한다.

17:8-9 정직한 자는 이로 말미암아 놀라고 죄 없는 자는 경건하지 못한 자 때문에 분을 내나니, 그러므로 의인은 그 길을 꾸준히 가고 손이 깨끗한 자는 점점 힘을 얻느니라.

☞ *의인*

고난과 멸시를 받으면서도 의로움을 주장하는 욥을 말한다.

17:10-12 너희는 모두 다시 올지니라. 내가 너희 중에서 지혜자를 찾을 수 없느니라. 나의 날이 지나갔고 내 계획, 내 마음의 소원이 다 끊어졌구나! 그들은 밤으로 낮을 삼고 빛 앞에서 어둠이 가깝다 하는구나!

17:13-16 내가 스올이 내 집이 되기를 희망하여 내 침상을 흑암에 펴 놓으매 무덤에게 너는 내 아버지라, 구더기에게 너는 내 어머니, 내 자매라 할지라도, 나의 희망이 어디 있으며 나의 희망을 누가 보겠느냐? 우리가 흙속에서 쉴 때에는 희망이 스올의 문으로 내려갈 뿐이니라.

욥은 자기의 앞날이 무덤밖에 없다고 탄식한다. 욥은 도무지 자기 육체를 애착할 만한 것으로 생각하지 않는다.

• **롬 8:10** 또 그리스도께서 너희 안에 계시면 몸은 죄로 인하여 죽는 것이나 영은 의로 말미암아 살아 있는 것이니라.

18장. 빌닷의 두 번째 권면

18:1-2 수아 사람 빌닷이 대답하여 이르되, 너희가 어느 때에 가서 말의 끝을 맺겠느냐 깨달으라. 그 후에야 우리가 말하리라.

18:3 어찌하여 우리를 짐승으로 여기며 부정하게 보느냐?

☞ *부정하게*

비열하게, 어리석게의 뜻이다.

• **시 73:22** 내가 이같이 우매 무지하므로 주 앞에 짐승이오나

18:4 울분을 터뜨리며 자기 자신을 찢는 사람아 너 때문에 땅이 버림을 받겠느냐 바위가 그 자리에서 옮겨지겠느냐?

☞ *울분을 터뜨리며 자기 자신을 찢는 자야*

욥은 16장 9절에서 그는 진노하사 나를 찢고 라고 했는데 빌닷은 하나님의 징계에 대하여 헛되이 반발하고 욥이 스스로 자해를 하고 있다고 말한다.

☞ *땅이 버림을 받겠느냐 바위가 그 자리에서 옮겨지겠느냐*

빌닷은 욥이 열을 냄으로써 고통을 악화시키는데 조금도 도움이 안 된다. 땅과 바위가 움직이겠느냐 하나님이 세우신 자연 질서가 조금도 흔들리지 않는다고 말한다.

18:5 악인의 빛은 꺼지고 그의 불꽃은 빛나지 않을 것이요.

• **잠 13:9** 의인의 빛은 환하게 빛나고 악인의 등불은 꺼지느니라.

18:6-8 그의 장막 안의 빛은 어두워지고 그 위의 등불은 꺼질 것이요, 그의 활기찬 걸음이 피곤하여지고, 그가 마련한 꾀에 스스로 빠질 것이니, 이는 그의 발이 그물에 빠지고 올가미에 걸려들며,

18:9 그의 뒤꿈치는 덫에 치이고 그의 몸은 올무에 얽힐 것이며,

☞ *올무*

짐승을 잡는 도구.

18:10-12 그를 잡을 덫이 땅에 숨겨져 있고 그를 빠뜨릴 함정이 길목에 있으며, 무서운 것이 사방에서 그를 놀라게 하고 그 뒤를 쫓아갈 것이며, 그의 힘은 기근으로 말미암아 쇠하고 그 곁에는 재앙이 기다릴 것이며,

18:13 질병이 그의 피부를 삼키리니 곧 사망의 장자가 그의 지체를 먹을 것이며,

☞ *사망의 장자*

죽음에 이르게 하는 무서운 전염병이다.

18:14 그가 의지하던 것들이 장막에서 뽑히며 그는 공포의 왕에게로 잡혀가고,

☞ *장막에서 뽑히고*

여기서 장막은 삶의 터전으로 생명을 상징한다.

☞ *공포의 왕*

사탄 자체보다는 사망을 의미한다.

- **계 9:11** 그들에게 왕이 있으니 무저갱의 사자라 히브리어로는 그 이름이 아바돈이요 헬라어로는 그 이름이 아볼루온이더라.
- **롬 5:17** 한 사람이 범죄로 말미암아 사망이 그 한 사람을 통하여 왕노릇을 하였은즉 더욱 은혜와 의의 선물을 넘치게 받는 자들은 한 분 예수 그리스도를 통하여 생명 안에서 왕노릇

하리로다.

18:15-16 그에게 속하지 않은 자가 그의 장막에 거하리니 유황이 그의 처소에 뿌려질 것이며, 밑으로 그의 뿌리가 마르고 위로는 그의 가지가 시들 것이며,

- **겔 38:22** 내가 전염병과 피로 그를 심판하며 쏟아지는 폭우와 큰 우박덩이와 불과 유황으로 그와 그 모든 무리와 그와 함께 있는 많은 백성에게 비를 내리듯 하리라.

18:17-18 그를 기념함이 땅에서 사라지고 거리에서는 그의 이름이 전해지지 않을 것이며, 그는 광명으로부터 흑암으로 쫓겨 들어가며 세상에서 쫓겨날 것이며,

☞ *그를 기념함이 땅에서 사라지고*

기념하는 일의 자취를 땅에서 끊으신다.(시 34:16 참조)

18:19 그는 그의 백성 가운데 후손도 없고 후예도 없을 것이며 그가 거하던 곳에는 남은 자가 한 사람도 없을 것이라.

☞ *후손과 후예도 없을 것이며*

시편 109:13에서는 후사라고 언급되며 곧 자손이 끊어진다는 말이며 이것은 하나님의 가장 큰 저주로 생각되었다.

18:20-21 그의 운명에 서쪽에서 오는 자와 동쪽에서 오는 자가 깜짝 놀라리라. 참으로 불의한 자의 집이 이러하고 하나님을 알지 못하는

자의 처소도 이러하니라.

18장 5-21절의 요점은 이 세상에서 악인이 하나님의 빛에서 멀어지고 자신이 만든 꾀에 스스로 무너지고 자신이 만든 덫에 걸려들어 광명 중에서 흑암으로 빠지고 결국은 멸망한다는 것이다.

19장. 빌닷의 두 번째 권면에 대한 욥의 대답

19:1-4 욥이 대답하여 이르되, 너희가 내 마음을 괴롭히며 말로 나를 짓부수기를 어느 때까지 하겠느냐? 너희가 열 번이나 나를 학대하고 부끄러워 아니하는구나! 비록 내게 허물이 있다 할지라도 그 허물이 내게만 있느냐?

19:5 너희가 참으로 나를 향하여 자만하며 내게 수치스러운 행위가 있다고 증언하려면 하려니와,

☞ *자만*

자기 스스로 뽐내고 자랑함.

• **시 35:26** 나의 재난을 기뻐하는 자들이 함께 부끄러워 낭패

를 당하게 하시며 나를 향하여 스스로 뽐내는 자들이 수치와 욕을 당케 하소서.

19:6 하나님이 나를 억울하게 하시고 자기 그물로 나를 에워싸신 줄을 알아야 할지니라.

- **애 3:36** 사람의 송사를 억울하게 하는 것은 다 주께서 기쁘게 보시는 것이 아니로다.

19장 1-6에서 욥은 자기에게 해당되지 않는 세 친구의 부당한 말을 신랄하게 공격한다. 그들이 나를 학대하였으면서도 부끄러운 줄을 모른다는 것. 나에게 허물이 있다 할지라도 그것은 나의 사적인 문제임에도 불구하고 간섭한다는 것과 나에게 임한 환난은 하나님께로부터 온 것이므로 그들은 나를 위로해주어야 한다. 그들은 위로하기는커녕 나의 죄를 찾아내려고만 힘쓴다. 이것은 욥을 괴롭힐 뿐이다. 욥은 자기가 당하는 고난이 하나님의 섭리에 의한 것인 줄을 알고 구원을 소망한다.

19:7 내가 폭행을 당한다고 부르짖으나 응답이 없고 도움을 간구하였으나 정의가 없구나!

19:8-9 그가 내 길을 막아 지나가지 못하게 하시고 내 앞길에 어둠을 두셨으며, 나의 영광을 거두어가시며 나의 관모를 머리에서 벗기시고,

☞ *관모*

영광과 대응이 되는 단어로 실제적인 왕관이 아니라 욥이 누렸던 위엄과 영예.

- **시 89:39** 주의 종의 언약을 미워하사 그의 관을 땅에 던져 욕되게 하셨으며,

19:10-12 사면으로 나를 헐으시니 나는 죽었구나! 내 희망을 나무뽑듯 뽑으시고, 나를 향하여 진노하시고 원수 같이 보시는구나! 그 군대가 일제히 나아와서 길을 돋우고 나를 치며 내 장막을 둘러 진을 쳤구나!

19:13 나의 형제들이 나를 멀리 떠나게 하시니 나를 아는 모든 사람이 내게 낯선 사람이 되었구나!

- **시 69:8** 내가 나의 형제에게는 객이 되고 나의 어머니의 자녀에게는 낯선 사람이 되었나이다.

19:14 내 친척은 나를 버렸으며 가까운 친지들은 나를 잊었구나!

- **시 38:11** 내 사랑하는 자와 내 친구들이 내 상처를 멀리하고 내 친척들도 멀리 섰나이다.

19:15-21 내 집에 머물러 사는 자와 내 여종들은 나를 낯선 사람으로

여기니 내가 그들 앞에서 타국 사람이 되었구나! 내가 내 종을 불러도 대답하지 아니하니 내 입으로 그에게 간청하여야 하겠구나! 내 아내도 내 숨결을 싫어하며 내 허리의 자식들도 나를 가련하게 여기는구나! 어린아이들까지도 나를 업신여기고 내가 일어나면 나를 조롱하는구나! 나의 가까운 친구들이 나를 미워하며 내가 사랑하는 사람들이 돌이켜 나의 원수가 되었구나! 내 피부와 살이 뼈에 붙었고 남은 것은 겨우 잇몸 뿐이로구나! 나의 친구야 너희는 나를 불쌍히 여겨다오. 하나님의 손이 나를 치셨구나!

19:22 너희가 어찌하여 하나님처럼 나를 박해하느냐? 내 살로도 부족하냐?

☞ *나를 박해하느냐 내 살로도 부족하냐*

원문에는 먹다에 해당되는 단어가 없으며, 충분히 얻다(get enough)로 되어 있다. 충분히 괴롭히고도의 뜻이다.

Why did you pursue me as a God does?

Will you never get enough of my flesh?

19:23-24 나의 말이 곧 기록되었으면, 책에 씌여졌으면, 철필과 납으로 영원히 돌에 새겨졌으면 좋겠노라.

• **렘 17:1** 유다의 죄는 금강석 끝 철필로 기록되되 그들의 마음판과 그들의 제단 뿔에 새겨졌거늘

19장 23-24절에서 욥은 자기가 당하는 고난의 원인이 자기

의 어떤 죄가 아니라며 이 때까지 주장해 온 자기의 변호가 영구히 후세에 전달되기를 원한다. 그는 그만큼 자기의 결백을 확언하며 주장한다. 그것은 교만이 아니라 진리와 사실을 굽히지 않으려는 그의 신앙양심 고백이다.

19:25 내가 알기에는 나의 대속자가 살아계시니 마침내 그가 땅 위에 서실 것이라.

☞ *대속자*

대속자 즉 종을 사서 그를 자유하게 하는 자. 여기서는 대속자로서 하나님을 가리킨다. 하나님은 자기 백성을 위하여 그의 피로 그들의 죄를 담당하시고 그들을 죄에서 해방시켜주신다. 이것은 앞으로 오실 대속자 예수님을 갈구하는 것이다.

구속자는 가까운 친척을 의미하는 것으로 본인이 이행치 못한 의무를 대신 해결해 주거나 권리를 대신 행사함으로써 그의 이익과 재산을 보호해 주는 자의 뜻이다. 그러나 본문에서의 구속자는 후견인이 더 나은 표현이다. 곧 변호해 줄 하늘에 있는 제 3의 존재를 의미한다.

이렇게 자신의 억울함을 대신해서 변호해 줄 이에 대한 표현은 욥의 발언들 가운데 점차로 발전해 왔다. 중재자(9:33 arbitrator),증인과 중보자(witness & advocate 16:19), 보증자(17:3 참조) 이는 욥의 소망의 구체적인 표현으로써 탄식 초기에 죽음까지도 생각했던 욥이 새로운 지혜를 통한 의사

소통의 수단을 발견한 이후 더욱 짙어지는 삶의 욕구를 나타낸다. 지금 하늘의 구속자의 살아계심을 선포하는 욥에게 온전히 자신의 편을 들어 주실 수 있는 하나님의 존재를 믿고 간구하고 있는 것을 볼 수 있다. 지금 욥은 그의 일가친척들이 마음을 돌린 상태에서 (19:13-19 참조) 오직 하나님만을 의지해야 하는 상황이다. 하늘의 하나님을 의지하지 않는다면 그 누구를 의지할 것인가. 우리는 여기서 욥의 영적 갈등의 깊이를 실감할 수 있다. 그가 법정공방의 대적자로 대결하는 하나님이 동시에 그의 변호사가 되는 상황이다.

19장 25절은 욥의 내세 사상으로서 하나님께서 끝날에 자기를 부활시켜 영원토록 복되게 하신다는 뜻이다.

마침내 그가 땅 위에 서실 것이라. 그 때에는 하나님께서 그의 대적이 아니고 구원자로 오실 것이다.

19:26 내 가죽이 벗김을 당한 뒤에도 내가 육체 밖에서 하나님을 보리라.

☞ *나의 이 가죽, 이것이 썩은 후에 내가 육체 밖에서 하나님을 보리라*

전통적인 기독교적 해석에서 26-27절은 부활의 개념으로 해석할 수도 있으나 엄밀하게 본문을 고찰하여 보면 신약성서에서 고백되는 부활의 개념과는 동일하게 보기 힘들다.

그러나 대부분의 영어성경에서는 육체 안에서 하나님을 뵙는 것으로 되어 있다(Yet in my flesh , I will see God.)

또한 히브리어 원문은 육체 밖이 아니라 육체로부터로 되어 있다.

욥은 지금 자신의 죽음을 전제로 하지 않는다. 오히려 육체 가운데서 급기야 하나님을 뵈올 것이라는 확신의 선포이다. 이는 동시에 욥 자신의 무죄함에 대한 최고의 변호이며 최후에 하나님께로 옳다함을 받을 것이라는 확신이다.

또한 이것은 부활 신앙의 처음 개념으로 본문을 받아들일 수 있다. 아직 죽음 이후의 세계에 대한 관념이 생소한 구약 시대에 욥의 새로운 지혜를 통한 도전적 신앙의 정신은 그의 신앙의 지평을 확장했다.

• **시 16:10** 이는 주께서 내 영혼을 스올에 버리지 아니하시며 주의 거룩한 자를 멸망시키지 않으실 것임이니이다.

19:27 내가 그를 보리니 내 눈으로 그를 보기를 낯선 사람처럼 하지 않을 것이라. 내 마음이 초조하구나!

☞ *그를 보기를 낯선 사람처럼 하지 않을 것이라*

내 두 눈으로 하나님을 뵐 것이다.

19:28-29 너희가 만일 이르기를 우리가 그를 어떻게 칠까 하며 또 이르기를 일의 뿌리가 그에게 있다 할진대, 너희는 칼을 두려워할지니라. 분노는 칼의 형벌을 부르나니 너희가 심판장이 있는 줄을 알게 되리라.

친구들이 고난 받는 욥을 동정하지는 못할지언정 계속해서 욥에게는 해당되지도 않는 이론으로 그를 정죄하려고 한다면 하나님의 징벌이 그들에게 내릴 것이라는 경고이다.

20장. 소발의 두 번째 권면

20:1-2 나아마 사람 소발이 대답하여 이르되, 그러므로 초조한 마음이 나로 하여금 대답하게 하나니 이는 내 중심이 조급함이니라.

☞ *초조*

자신이 가졌던 생각에 대한 회의로 불안해진 마음을 뜻함.

20:3-5 내가 나를 부끄럽게 하는 책망을 들었으므로 나의 슬기로운 마음이 나로 하여금 대답하게 하는구나. 네가 알지 못하느냐? 예로부터 사람이 이 세상에 생긴 때로부터, 악인이 이긴다는 자랑도 잠시요, 경건하지 못한 자의 즐거움도 잠깐이니라.

20:6-7 그 존귀함이 하늘에 닿고 그 머리가 구름에 미칠지라도, 자기의 똥처럼 영원히 망할 것이라. 그를 본 자가 이르기를 그가 어디 있느냐 하리라.

☞ *그 머리가 구름에 미칠지라도*

영예와 영광이 절정에 이를지라도.

• **시 73:9** 그들의 입은 하늘에 두고 그들의 혀는 땅에 두루다니도다.

20장 6-7에서 외식자는 잠시 동안 높아진다. 그는 언제나 그렇게 높아지기를 원한다. 그런데 진리와 진실을 가지는 성도와 다른 것은 외식자의 높아짐은 도리어 떨어질 계기가 되는 것이다.

• **눅 16:15** 예수께서 이르시되 너희는 사람 앞에서 스스로 옳다 하는 자들이나 너희 마음을 하나님께서 아시나니 사람 중에 높임을 받는 그것은 하나님 앞에 미움을 받는 것이리라.
• **습 1:17** 내가 사람들에게 고난을 내려 맹인같이 행하게 하리니 이는 그들이 나 여호와께 범죄하였음이라 또 그들의 피는 쏟아져서 티끌같이 되며 그들의 살은 분토같이 될지라.

20:8 그는 꿈같이 지나가니 다시 찾을 수 없을 것이요 밤에 보이는 환상처럼 사라지리라.

• **시 73:20** 주여 사람이 깬 후에는 꿈을 무시함같이 주께서 깨신 후에는 그들의 형상을 멸시하시리이다.

20:9-11 그를 본 눈이 다시 그를 보지 못할 것이요 그의 처소도 다시 그를 보지 못할 것이며, 그의 아들들은 가난한 자에게 은혜를 구하겠고 그도 얻은 재물을 자기 손으로 도로 줄 것이며, 그의 기골이 청

년 같이 강장하나 그 기세가 그와 함께 흙에 누우리라.

- **시 10:7** 그 입에는 저주와 거짓과 포악이 충만하며 그의 혀 밑에는 잔해와 죄악이 있나이다.

20:12-15 그는 비록 악을 달게 여겨 혀 밑에 감추며, 아껴서 버리지 아니하고 입천장에 물고 있을지라도, 그의 음식이 창자 속에서 변하며 뱃속에서 독사의 쓸개가 되느니라. 그가 재물을 삼켰을지라도 토할 것은 하나님이 그의 배에서 도로 나오게 하심이니,

20:16 그는 독사의 독을 빨며 뱀의 혀에 죽을 것이라.

- **잠 23:32** 그것이 마침내 뱀 같이 물 것이요 독사 같이 쏠 것이며,

20:17 그는 강 곧 꿀과 엉긴 젖이 흐르는 강을 보지 못할 것이요,

☞ *꿀과 엉긴 젖*

꿀과 버터나 치즈를 말한다. 풍요로운 산출을 상징적으로 한 표현이다.

- **신 32:13-14** 여호와께서 그가 땅의 높은 곳을 타고 다니게 하시며 밭의 소산을 먹게 하시며 반석에서 꿀을, 굳은 반석에서 기름을 빨게 하시며 소의 엉긴 젖과 양의 젖과 어린 양의 기름과 바산에서 난 숫양과 염소와 지극히 아름다운 밀을 먹이

시며 또 포도즙의 붉은 술을 마시게 하셨도다.

20:18-19 수고하고 얻은 것을 삼키지 못하고 돌려주며 매매하여 얻은 재물로 즐거움을 삼지 못하리니, 이는 그가 가난한 자를 학대하고 버렸음이요 자기가 세우지 않은 집을 빼앗음이니라.

20:20-21 그는 마음에 평안을 알지 못하니 그가 기뻐하는 것을 하나도 보존하지 못하겠고, 남기는 것이 없이 모두 먹으니 그런즉 그 행복이 오래 가지 못할 것이라.

- **잠 17:1** 마른 떡 한 조각만 있고도 화목하는 것이 제육이 집에 가득하고도 다투는 것보다 나으니라.

20:22-23 풍족할 때에도 괴로움이 이르리니 모든 재난을 주는 자의 손이 그에게 임하리라. 그가 배를 불리려 할 때에 하나님이 맹렬한 진노를 내리시리니 음식을 먹을 때에 그의 위에 비같이 쏟으시리라.

20:24 그가 철 병기를 피할 때에는 놋 화살을 쏘아 꿰뚫을 것이요,

☞ *철 병기*

당시에 사용되던 강력한 무기.
성경에서 철이 나타나기 시작한 것은 출애굽의 시대 (B.C1527-1496)부터이다. 전쟁무기로 철을 가장 먼저 사용한 민족은 헷 족속이었으며, 그 이전까진 대부분 청동 무기를 사용했다. 이것으로 유추하여 욥기를 철기 시대에 기록

된 것으로 보기도 한다.

• **렘 48:44** 두려움에서 도망하는 자는 함정에 떨어지겠고 함정에서 나오는 자는 올무에 걸리리니 이는 내가 모압이 벌 받을 해가 임하게 할 것임이라. 여호와의 말씀이니라.

20:25-29 몸에서 그의 화살을 빼낸즉 번쩍번쩍하는 촉이 그의 쓸개에서 나오고 큰 두려움이 그에게 닥치느니라. 큰 어둠이 그를 위하여 예비 되어 있고 사람이 피우지 않은 불이 그를 멸하며, 그 장막에 남은 것을 해치리라. 하늘이 그의 죄악을 드러낼 것이요 땅이 그를 대항하여 일어날 것인즉, 그의 가산이 떠나가며 하나님의 진노의 날에 끌려가리라. 이는 악인이 하나님께 받을 분깃이요 하나님이 그에게 정하신 기업이니라.

20장 24-29절에서는 죄인을 벌하시는 하나님의 방법이 다양성을 지녔다. 죄인의 힘으로는 하나님의 벌을 피할 길이 없다. 그런데 미련한 자는 자기의 죄를 간과한다.

• **잠 14:9** 미련한 자는 죄를 심상히 여겨도 정직한 자 중에는 은혜가 있느니라.

21장. 소발의 두 번째 권면에 대한 욥의 대답

21:1-4 욥이 대답하여 이르되 너희는 내 말을 자세히 들으라 이것이 너희의 위로가 될 것이니라. 나를 용납하여 말하게 하라. 내가 말한 후에 너희가 조롱할지니라. 나의 원망이 사람을 향하여 하는 것이냐, 내 마음이 어찌 조급하지 아니하겠느냐?

☞ *원망*

수심 또는 근심의 뜻으로 이해하여야 한다.

☞ *조급*

성미가 날카롭고 급함.

21:5 너희가 나를 보면 놀라리라 손으로 입을 가리리라.

☞ *손으로 입을 가리리라*

말을 자제하리라.

• **삿 18:19** 그들이 그에게 이르되 잠잠하라 네 손을 입에 대라 우리와 함께 가서 우리의 아버지와 제사장이 되라 네가 한 사람의 집의 제사장이 되는 것과 이스라엘 한 지파 한 족속의 제사장이 되는 것 중에서 어느 것이 낫겠느냐 하는지라.

21:6-7 내가 기억하기만 하여도 불안하고 두려움이 내 몸을 잡는구나! 어찌하여 악인이 생존하고 장수하며 세력이 강하냐?

• **시 17:14** 여호와여 이 세상에 살아있는 동안 그들의 분깃을 받은 사람에게서 주의 손으로 나를 구하소서 그들은 주의 재물로 배를 채우고 자녀로 만족하고 그들의 남은 산업을 그 들의 어린 아이들에게 물려주하는 자니이다.

21:8-10 그들의 후손이 앞에서 그들과 함께 굳게 서고, 자손이 그들의 목전에서 그러하구나. 그들의 집이 평안하여 두려움이 없고, 하나님의 매가 그들 위에 임하지 아니하며, 그들의 수소는 새끼를 배고 그들의 암소는 낙태하는 일이 없이 새끼를 낳는구나!

• **출 23:26** 네 나라에 낙태하는 자가 없고 임신하지 못하는 자가 없을 것이라 내가 너의 날수를 채우리라.

21:11-13 그들은 아이들을 양 떼같이 내 보내고 그들의 자녀들은 춤추는구나. 그들은 소고와 수금으로 노래하고 피리 불어 즐기며, 그들의 날을 행복하게 지내다가 잠깐 사이에 스올에 내려가느니라.

21장 7-13절에서는 악인이 평생토록 잘 살다가 죽을 때에도 병으로 인한 고통도 없이 고요히 죽게 될지라도 그가 반드시 내세의 복된 영생을 누린다는 뜻이 결코 아니다.

21:14-15 그러할지라도 그들은 하나님께 말하기를 우리를 떠나소서. 우리가 주의 도리 알기를 바라지 아니하나이다, 전능자가 누구이기에 우리가 섬기며 우리가 그에게 기도한들 무슨 소용이 있으랴 하는구나!

• **출 5:2** 바로가 이르되 여호와가 누구이기에 내가 그의 목소리를 듣고 이스라엘을 보내겠느냐 나는 여호와를 알지 못하니 이스라엘을 보내지 아니하리라.

21:16 그러나 그들의 행복이 그들의 손 안에 있지 아니하니 악인의 계획은 나에게서 멀구나!

☞ *행복*

복과 행운 또는 번영

☞ *악인의 계획은 나에게서 멀구나*

악인의 인생관은 나로서도 알 수 없다.

• **시 1:1** 복 있는 사람은 악인들의 꾀를 따르지 아니하며 죄인들의 길에 서지 아니하며 오만한 자들의 자리에 앉지 아니하고 오직 여호와의 율법을 즐거워하여 그의 율법을 주야로 묵상하는 자로다.

21:17-18 악인의 등불의 꺼짐과 재앙이 그들에게 닥침과 하나님의 진노하사 그들을 곤고하게 하심이 몇 번인가? 그들이 바람 앞에 검불 같이, 폭풍에 날려가는 겨 같이 되었도다.

21:19 하나님은 그의 죄악을 그의 자손들을 위하여 쌓아 두시며 그에게 갚으실 것을 알게 하시기를 원하노라.

☞ *하나님은 그의 죄악을 그의 자손들을 위해 쌓아 두시며*

이것은 부모의 죄악이 자식들에게 전가됨을 의미하는가

아니면 그 반대인가?

하나님께서는 아비에게 줄 벌을 남겨두셨다가 그 자식에게 내리신다고 하지만 그게 어디 될 말인가, 본인이 받을 줄로 알아야지.

Job say, God stores up their iniquity for their children, Let it be paid back to them, so that they may know it.

즉 기존의 죄에 대한 연대적 책임이 아닌 개인적 책임성을 하나님께서 깨우쳐 주셔야 함을 주장하고 있는 부분으로 볼 수 있다.

• **출 20:5** 그것들에게 절하지 말며 그것들을 섬기지 말라 나 네 하나님 여호와는 질투하는 하나님인즉 나를 미워하는 자의 죄를 갚되 아버지로부터 아들에게로 삼사 대까지 이르게 하거니와 나를 사랑하고 내 계명을 지키는 자에게는 천 대까지 은혜를 베푸시느니라.

• **왕상 11:9-12** 솔로몬이 마음을 돌려 이스라엘의 하나님 여호와를 떠나므로 … 내가 이 나라를 네게서 빼앗아 네 신하에게 주리라 … 네 세대에는 행하지 이 일을 행하지 아니하고 네 아들의 손에서 빼앗으려니와,

• **겔 18:2** 너희가 이스라엘 땅에 관한 속담에 이르기를 아버지가 신 포도주를 먹었으므로 그의 아들의 이가 시다고 함은 어찌됨이냐 … 이스라엘 가운데서 다시는 이 속담을 쓰지 못하게 되리라.

21:20-21 자기의 멸망을 자기의 눈으로 보게 하며 전능자의 진노를 마시게 할 것이니라. 그의 달수가 다하면 자기 집에 대하여 무슨 관계가 있겠느냐?

☞ *그의 달수가 다하면*

그 악인의 생애가 끝난다는 뜻. 그가 죽은 다음에는 그와 그의 가족과의 혈연관계는 끊어진다.

21:22 그러나 하나님께서는 높은 자들을 심판하시나니 누가 능히 하나님께 지식을 가르치겠느냐?

☞ *높은 자들*

천사들을 뜻한다.

21:23-25 어떤 사람은 죽도록 기운이 충실하여 안전하며 평안하고, 그의 그릇에는 젖이 가득하며 그의 골수는 윤택하고, 어떤 사람은 마음에 고통을 품고 죽으므로 행복을 맛보지 못하는도다.

- **잠 3:7-8** 스스로 지혜롭게 여기지 말지어다 여호와를 경외하며 악을 떠날지어다. 이것이 네 몸에 양약이 되어 네 골수로 윤택하게 하리라

21:26 이 둘이 매 한 가지로 흙속에 눕고 그들 위에 구더기가 덮이는구나!

- **사 14:11** 네 영화가 스올에 떨어졌음이여 네 비파 소리까지로다 구더기가 네 아래에 깔림이여 지렁이가 너를 덮었도다.

21:27 내가 너희의 생각을 알고 너희가 나를 해하려는 속셈도 아노라.

☞ *너희가 나를 해하려는 속셈*

그의 친구들은 고난을 받는 자가 악인이라는 논리에 의하여 고난을 당하고 있는 욥을 정죄하려 했다.

21:28 너희의 말이 귀인의 집이 어디 있으며 악인이 살던 장막이 어디 있느냐 하는구나!

☞ *귀인의 집*

유력한 사람의 집 곧 욥 자신을 말한다.

21:29-30 너희가 길 가는 사람들에게 묻지 아니하였느냐, 그들의 증거를 알지 못하느냐? 악인은 재난의 날을 위하여 남겨 둔 바 되었고 진노의 날을 향하여 끌려가느니라.

회개하지 않는 악인이 이 세상에서 평안히 살고 또 평안히 죽는 것은 그가 사후에 심판을 받도록 되어 있기 때문이라고 행인들은 말한다는 것이다. 이 세상에서 선악 간에 보응을 받지 못하면 그가 죽은 후 내세에 가서라도 그 보응을 받게 된다는 것이 성경의 교훈이다.

• **눅 6:22-26** 인자로 말미암아 사람들이 너희를 미워하며 멀리하고 욕하고 너희 이름을 악하다 하여 버릴 때에는 너희에게 복이 있도다. 그 날에 기뻐하고 뛰놀라 하늘에서 너희 상이 큼이라 그들의 조상들이 선지자들에게 이와 같이 하였느니라. 그러나 화 있을진저 너희 부요한 자여 너희는 너희의 위로

를 이미 받았도다. 화 있을진저 너희 지금 배부른 자여 너희는 주리리로다 화 있을진저 너희 지금 웃는 자여 너희가 애통하며 울리로다. 모든 사람이 너희를 칭찬하면 화가 있도다 그들의 조상들이 거짓 선지자들에게 이와 같이 하였느니라.

21:31 누가 능히 그의 면전에서 그의 길을 알려주며 누가 그의 소행을 보응하랴.

☞ *보응*

행한 일의 인과에 따라 선악이 되갚음 됨.

- **롬 2:6** 하나님께서 각 사람에게 그 행한 대로 보응하시되

21:32 그를 무덤으로 메어가고 사람이 그 무덤을 지키리라.

☞ *무덤을 지키리라*

즉 악인은 죽음에 있어서도 평안하고 존귀한 대접을 받는다는 욥의 불편 섞인 어조이다.

21:33-34 그는 골짜기의 흙덩이를 달게 여기리니 많은 사람들이 그보다 앞서 갔으며 모든 사람이 그의 뒤에 줄지었느니라. 그런데도 너희는 나를 헛되이 위로하려느냐? 너희 대답은 거짓일 뿐이니라.

☞ *앞서 갔으며 모든 사람이 그의 뒤에 줄지었느니라.*

긴 장례 행렬을 말하는 것이 아니고 모든 인간의 운명을 표현한 말로 누구나 인간은 죽음을 맞이할 수밖에 없다는 말이다.

• **히 9:27** 한 번 죽는 것은 사람에게 정해진 것이요 그 후에는 심판이 있으리니,

친구들과의 대화에서 두 번째 대화가 첫 번째 대화와 근본적으로 달라졌다. 친구들의 대화의 논조가 동정적이고 설득적인 것에서 고발과 신랄한 비판으로 바뀌었다. 첫 번째 대화에서는 그래도 친구들이 하나같이 구원의 소망을 말 마무리 하였다. 그러나 이제 엘리바스를 비롯한 친구들은 오히려 악인에 대한 재앙을 강조하면서 더 이상 위로가 아닌 저주를 퍼붓고 있다. 엘리바스는 "그 말에 이르기를 악인은 그의 일평생에 고통을 당하며 포악자의 햇수는 작정해졌으므로"(15:20). "경건하지 못한 무리는 자식을 낳지 못할 것이며 뇌물을 받는 자의 장막은 불탈 것이라"(15:34). 또한 빌닷은 "참으로 불의한 자의 집이 이러하고 하나님을 알지 못하는 자의 처소도 이러하니라"(18:21). 소발은 "이는 악인이 하나님께 받을 분깃이요 하나님이 그에게 정하신 기업이니라"(20:29).고 저주들을 퍼부었다. 친구들은 회개 종용과 회복에 대한 설득에서 악인의 결국을 선포하며 그것은 곧 멸망임을 혹독하게 소리치고 있다. 그것은 그들이 가지고 있는 진부한 교리가 한계에 있기 때문이다. 그러나 욥은 그들과의 대화에서 하나님이 구원해 주신다는 소망을 더해가고 있다. 이에 따른 욥의 태도도 변한다.

첫 번째 대화에서 본인의 상황에 대한 탄식과 더불어 자신의 죄 없음을 강변하였다. 두 번째 대화에서는 본인의 상황 자체의 비참함보다는 그 상황의 원인이 하나님의 폭력으로 인한 것임을 말한다. 곧 하나님이 자신의 고통의 상황에 책임이 있다는 사실을 분명히 한다(19:6 참조). 동시에 친구들에게도 자신의 어려움을 이해 해달라는 것과 설득의 차원에서 고통을 주는 위로자임을 원망하며 비판한다. 결국 두 번째 대화에서 욥은 역으로 공세를 펼치며 하나님과 친구들을 고발하는 입장에 서게 된다.

본문에서 치열한 공방의 근본적 이유가 삶의 울타리 보존과 붕괴 사이에 있음을 알 수 있다. 즉, 욥의 친구들은 그들의 재산과 가정과 건강의 울타리가 건재하다. 반면에 욥은 철저하게 비참하게 모든 울타리가 붕괴된 상태이다. 울타리 안과 밖의 상황은 모든 사태에 대한 철저하게 다른 경험과 언행을 동반하게 된다. 욥과 친구들 사이의 깊은 괴리가 갈등의 골이 더욱 깊어질 수밖에 없는 이유가 울타리 밖과 안의 엄청난 차이이다.

두 번째 대화에서 가장 중요한 문제는 첫째, 친구들의 "악인들의 멸망"과 욥의 "악인들의 번영"에 대한 공방과 둘째, 친구들의 "네 죄 때문"과 욥의 "하나님의 적대하심 때문"에 대한 본격적인 공방이다.

첫 번째 대화에서처럼 법정소송의 구체적인 용어나 비유 등은 나타나지 않지만 내용상 친구들과의 직접적인 뜨거운 논쟁이 오히려 두드러진다.

특히 19장에서,

“하나님이 나를 억울하게 하시고 자기 그물로 나를 에워싸신 줄은 알아야 할지니라”(19:6).
“사면으로 나를 헐으시니 나는 죽었구나 내 희망을 나무 뽑듯 뽑으시고”(19:10),
“그 군대가 일제히 나아와서 길을 돋우고 나를 치며 내 장막을 둘러 진을 쳤구나”(19:12).
“내 피부와 살이 뼈에 붙었고 남는 것은 겨우 잇몸뿐이로구나”(19:20)!
“너희가 어찌하여 하나님처럼 나를 박해하느냐 내 살로도 부족하냐”(19:22)?

곧 고통의 문제와 관련하여 악인의 번영과 인과응보의 문제뿐만 아니라 삶의 울타리 붕괴의 문제 또한 고통의 주된 이유 중의 하나임을 알 수 있다. 욥의 울타리가 해체된 이유를 하나님이 적대하심이라고 고발하면서 이제 생명의 마지막 수단인 잇몸만 남아 있음을 표현하고 있다.

전체적으로 두 번째 대화의 주제를 기존의 신앙적 관념을 사수하려는 친구들과 그 신앙적 토대를 뿌리 채 흔들어 버리고 있는 욥과의 치열한 논쟁이다. 두 번째 대화의 시작 부분에서 엘리바스는 욥의 항변의 성격을 한마디로 기존의 종교를 폐지하려는 것으로 밝히고 있다.

“참으로 네가 하나님 경외하는 일을 그만두어 하나님 앞에 묵도하기를 그치게 하는구나”(15:4).

욥의 새로운 지혜 찾기는 필연적으로 기존의 신앙체계에 심각한 위험을 가할 수밖에 없었다. 욥과 세 친구들 간의 뜨거운 논쟁은 이와 같이 신앙과 기존 신학체계에 대한 심각한 신학적 고민이 전개 되어 있다.

본문을 통해 알려지는 하나님의 모습은 의인에 대한 폭력자요 악인의 번영에 대한 무관심하는 자이다. 그러나 이는 기존의 관습적인 신앙교리나 인과응보의 틀에서만 그러하다.

하나님은 우리 인간이 아는 지혜의 한계를 넘어 계신다. 흥미로운 것은 욥은 그 폭력과 무정한 하나님을 동시에 증인으로, 보증자로, 구속자로 기대하고 있다(16:19, 17:3, 19:25 참조). 친구들의 관습적 신앙의 교리 틀에서 하나님은 대적자이다. 그러나 욥은 실존적 현장에서 하나님은 구속자이다. 실제로, 하나님은 인간의 모든 교리와 체험 위에 존재하신다. 중요한 것은 우리가 어떤 각도에서 하나님에게 접근하느냐의 문제이다. 따라서 관습적 신앙의 울타리 안에서인지, 실존적 체험의 울타리 밖에서인지에 따라 우리의 하나님에 대한 이해가 달라진다.

첫 번째 대화와는 달리 두 번째 대화에서 욥의 친구들과의 논쟁은 더욱 직접적이고 신랄한 공격으로 변하였다. 소발의 발언 이후 21장에 이르면 욥의 논쟁은 친구들의 공격 하나하나에 대한 정확한 반박이 이루어지면서 그 논리는 훨씬 더 안정되어있다. 그것은 욥의 논리가 정리되었기 때문이다. 자신이 처한 상황에 대하여 해석이 가능케 된 상태를 의미한다.

그 이유로는 첫째, 자신의 상황과 친구들의 상황이 다름을 직시하게 된 것이고, 둘째는 무엇을 간구해야할지 소망의 방향이 바로섰다는 것이다. 우리는 삶의 소용돌이 앞에서 우리의 처지를 한탄하기 쉽다. 그러나 한탄으로 그칠 때 더 이상의 해결책은 제공되지 않는다. 욥은 처음에 한탄하였다 그리고 죽기를 원했다. 그러나 그 상황을 효과적으로 표현하는 지혜를 찾게 되었다. 그러다가 자신의 처지를 인식하게 되고 그것을 인정할 때에 친구들의 관습적인 교리들을 넘어설 수 있었다. 욥은 새로운 관점에 서게 되면서 더 이상 세상의 위로자가 아닌 하늘의 위로자를 의지할 수 있게 되었다.

욥의 탄식과 항변이 하나님을 대적하고 불순종의 모습으로 보지 않는 이유는 여전히 그는 자신의 삶의 모든 일들을 하나님께 아뢰고 하나님 안에서 해결하려고 하기 때문이다. 나의 삶의 모든 일들을 하나님 안에서 바라보고 살아갈 때 진정한 여호와 경외의 삶이 가능하다.

제8단원
22-27장

22장. 엘리바스의 세 번째 권면

22:1-2 데만 사람 엘리바스가 대답하여 이르되, 사람이 어찌 하나님께 유익하게 하겠느냐? 지혜로운 자도 자기에게 유익할 따름이니라.

☞ *유익하게 하겠느냐*

하나님은 절대 완전하신 분이기에 사람의 지혜나 경건의 도움을 필요로 하지 않으신다는 뜻이다.

22:3-5 네가 의로운들 전능자에게 무슨 기쁨이 있겠으며 네 행위가 온전한들 그에게 무슨 이익이 되겠느냐? 하나님이 너를 책망하시며 너를 심문하심이 너의 경건함 때문이냐? 네 악이 크지 아니하냐 네

죄악이 끝이 없느니라.

☞ *심문*

자세하게 따져 물음.

22:6 까닭 없이 형제를 볼모로 잡으며 헐벗은 자의 의복을 벗기며,

☞ *볼모*

약속을 이행하겠다는 담보로 줄 것을 저당 잡힘.

22:7 목마른 자에게 물을 마시게 하지 아니하며 주린 자에게 음식을 주지 아니하였구나!

목마른 자를 눈앞에 두고 도움을 주지 않는 자는 무자비한 자이다. 사람이 만일 그를 못 본 체 한다면 그런 사람은 그 목마름에 처한 자를 죽이는 자와 다름이 없다. 사람마다 자기의 소유로 알고 지키는 재물은 사실상 하나님께로부터 받는 것이다.

• **고전 4:7** 누가 너를 남달리 구별하였느냐 네게 있는 것 중에 받지 아니한 것이 무엇이냐 네가 받았은 즉 어찌하여 받지 아니한 것 같이 자랑하느냐?

따라서 그는 그것을 하나님의 뜻대로 남들을 위하여 사용해야 할 하나님의 청지기이다.

• **눅 12:42-44** 주께서 이르시되 지혜 있고 진실한 청지기가 되

어 주인에게 그 집 종들을 맡아 때를 따라 양식을 나누어 줄 자가 누구냐. 주인이 이를 때에 그 종이 그렇게 하는 것을 보면 그 종은 복이 있으리로다. 내가 참으로 너희에게 이르노니 주인이 그 모든 소유를 그에게 맡기리라.

• **마 25:42** 내가 주릴 때에 너희가 먹을 것을 주지 아니하였고 목마를 때에 마시게 하지 아니하였고,

22:8 권세 있는 자는 토지를 얻고 존귀한 자는 거기에서 사는구나!

• **사 9:15**그 머리는 곧 장로와 존귀한 자요 그 꼬리는 곧 거짓말을 가르치는 선지자라.

22:9 너는 과부를 빈손으로 돌려보내며 고아의 팔을 꺾는구나!

• **겔 22:7** 그들이 네 가운데에서 부모를 업신여겼으며 네 가운데에서 나그네를 학대하였으며 네 가운데에서 고아와 과부를 해하였도다.

22:10-11 그러므로 올무들이 너를 둘러 있고 두려움이 갑자기 너를 엄습하며, 어둠이 너로 하여금 보지 못하게 하고 홍수가 너를 덮느니라.

☞ 홍수

강과 하천이 범람하여 넘치는 물.

22:12-13 하나님은 높은 하늘에 계시지 아니하냐 보라 우두머리 별이 얼마나 높은가? 그러나 네 말은 하나님이 무엇을 아시며 흑암 중에서 어찌 심판하실 수 있으랴!

- **사 29:15-16** 자기의 계획을 여호와께 깊이 숨기려 하는 자들은 화 있을진저 그들의 일을 어두운 데에서 행하며 이르기를 누가 우리를 보랴 누가 우리를 알랴 하니 너희의 패역함이 심하도다. 토기장이를 어찌 진흙같이 여기겠느냐 지음을 받은 물건이 어찌 자기를 지은 이에 대하여 이르기를 그가 나를 짓지 아니하였다 하겠으며 빚음을 받은 물건이 자기를 빚은 이에 대하여 이르기를 그가 총명이 없다 하겠느냐?

22:14-15 빽빽한 구름이 그를 가린즉 그가 보지 못하시고 둥근 하늘을 거니실 뿐이라 하는구나! 네가 악인이 밟던 옛적 길을 지키려느냐?

☞ *옛적 길*

어두운길, 홍수 이전의 가인의 부패한 길과 그 후손의 악한 길을 말한다.

- **전 2:14** 지혜자는 그의 눈이 그의 머릿속에 있고 우매자는 어둠 속에 다니지만 그들 모두가 당하는 일이 모두 같으리라는 것을 나도 깨달아 알았도다.

22:16 그들은 때가 이르기 전에 끊겨버렸고 그들의 터는 강물로 말미

암아 함몰되었느니라.

☞ *그들은 때가 이르기 전에 끊겨버렸고*

그들은 젊은 나이에 죽었고.

22:17-18 그들이 하나님께 말하기를 우리를 떠나소서 하며 또 말하기를 전능자가 우리를 위하여 무엇을 할 수 있으랴 하였으나, 하나님이 좋은 것으로 그들의 집에 채우셨느니라 악인의 계획은 나에게서 머니라.

22:19-20 의인은 보고 기뻐하고 죄 없는 자는 그들을 비웃기를, 우리의 원수가 망하였고 그들의 남은 것을 불이 삼켰느니라 하리라.

• **시 2:4** 하늘에 계신 이가 웃으심이여 주께서 그들을 비웃으시리로다.

22:21-23 너는 하나님과 화목하고 평안하라. 그리하면 복이 네게 임하리라. 청하건대 너는 하나님의 입에서 교훈을 받고 하나님의 말씀을 네 마음에 두라. 네가 만일 전능자에게로 돌아가면 네가 지음을 받을 것이며 또 네 장막에서 불의를 멀리 하리라.

• **말 3:7** 만국의 여호와가 이르노라 너희 조상들의 날로부터 너희가 나의 규례를 떠나 지키지 아니하였도다. 그런즉 내게로 돌아오라 그리하면 나도 너희에게로 돌아가리라 하였더니 너희가 이르기를 우리가 어떻게 하여야 돌아가리이까 하는도다.

22:24-26 네 보화를 티끌로 여기고 오빌의 금을 계곡의 돌로 여기라. 그리하면 전능자가 네 보화가 되시며 네게 고귀한 은이 되시리니, 이에 네가 전능자를 기뻐하여 하나님께로 얼굴을 들 것이라.

☞ *오빌*

아라비아 반도 아카바 만 연안에 위치한 유명항 항구이자 금 생산지(왕상 9:28 참조)

- **시 37:4** 또 여호와를 기뻐하라 그가 네 마음의 소원을 이루어 주시리로다.

22:27 너는 그에게 기도하겠고 그는 들으실 것이며 너의 서원을 네가 갚으리라.

- **시 50:14** 감사로 하나님께 제사를 드리며 지존하신 이에게 네 서원을 갚으며,

22:28-30 네가 무엇을 결정하면 이루어질 것이요 네 길에 빛이 비치리라. 사람들이 너를 낮추거든 너는 교만했노라고 말하라 하나님은 겸손한 자를 구원하시리라. 죄 없는 자가 아니라도 건지시리니 네 손이 깨끗함으로 말미암아 건지심을 받으리라.

- **시 138:6** 여호와께서는 높이 계셔도 낮은 자를 굽어살피시며 멀리서도 교만한 자를 아심이니이다.

23장. 엘리바스의 세 번째 권면에 대한 욥의 대답(1)

23:1-2 욥이 대답하여 이르되, 오늘도 내게 반항하는 마음과 근심이 있나니 내가 받는 재앙이 탄식보다 무거움이라.

☞ *재앙이 탄식보다 무거움이라*

탄식을 할 수 없을 정도로 재앙이 매우 큰 것을 말한다.

23:3 내가 어찌하면 하나님을 발견하고 그의 처소에 나아가랴.

☞ *처소에 나아가랴*

욥이 가장 절실히 요청하는 것이 하나님을 만나는 것임을 시사한다.

23:4 어찌하면 그 앞에서 내가 호소하며 변론할 말을 내 입에 채우고,

☞ *변론*

옳고 그름을 분명하게 밝히다.

23:5 내게 대답하시는 말씀을 내가 알며 내개 이르는 것을 내가 깨달았으랴.

☞ *내게 대답하시는 말씀을 내가 알며*

기도 응답을 받는다는 말이다. 기도 응답을 받고 욥의 신앙 체험을 우리가 다 알기는 어렵다. 그는 자신이 그런 체험이 많다는 의미에서 이 말을 하였다.

• **욥 42:4** 내가 말하겠사오니 주는 들으시고 내가 주께 묻겠사오니 주여 내게 알게 하옵소서.

23:6 그가 큰 권능을 가지시고 나와 더불어 다투시겠느냐? 아니로다. 도리어 내 말을 들으시리라.

하나님을 엄하게만 생각하고 그 사랑을 모르는 자는 하나님의 깊은 뜻을 알기 어렵다. 그러나 성경이 증언하는 참 하나님은 그런 하나님이 아니라 인자하심이 영원하신 하나님이시다.

• **시 103:13-17** 아버지가 자식을 긍휼히 여김같이 여호와께서는 자기를 경외하는 자를 긍휼히 여기시나니, 이는 그가 우리의 체질을 아시며 우리가 단지 먼지뿐임을 기억하심이로다. 인생은 그 날이 풀과 같으며 그 영화가 들의 꽃과 같도다. 그것은 바람이 지나가면 없어지나니 그 있던 자라도 다시 알지 못하거니와 여호와의 인자하심은 자기를 경외하는 자에게 영원부터 영원까지 이르며 그의 의는 자손의 자손에게 이르리니 곧 그의 언약을 지키고 그의 법도를 기억하여 행하는 자에게로다.

23:7 거기서는 정직한 자가 그와 변론할 수 있은즉 내가 심판자에게서 영원히 벗어나리라.

구약 시대에 부정한 인간이 하나님을 대면하면 죽게 되어 있다. 따라서 욥 13:16절에서 "경건하지 아니한 자는 그의 앞에 이르지 못하나니 이것이 나의 구원이 되리라" 라고 말했다. 같은 뜻으로는 하나님 앞에 나아가 하나님과 대화를 나눌 수 있다는 사실 그 자체는 곧 욥 자신이 무죄하다는 증거가 될 것이다.

이를 통해 볼 때 왜 그렇게 하나님과의 법정재판을 주장하는지 알 수 있다. 하나님과 인간의 법정현장 자체가 욥의 결백 선포의 장이 되기 때문이다. 따라서 내가 심판자에게서 영원히 벗어나리라.

☞ *내가 심판자에게서 영원히 벗어나리라*

그가 까닭 없는 벌을 받지 않게 된다는 뜻이다.

23:8-9 그런데 내가 앞으로 가도 그가 아니 계시고 뒤로 가도 보이지 아니하며, 그가 왼쪽에서 일하시나 내가 만날 수 없고 그가 오른쪽으로 돌이키시나 뵈올 수 없구나!

23:10 그러나 내가 가는 길을 그가 아시나니 그가 나를 단련하신 후에는 내가 순금 같이 되어 나오리라.

☞ *단련하신 후에는 내가 순금같이 나오리라*

욥이 자기의 무죄성을 주장하는 내용이다. 즉 비록 지금은 고통을 당하고 있지만, 고통이 끝나고 하나님 앞에 섰을 때에는 용광로에서 나온 정금처럼 자신이 순수하고 흠이 없다는 사실이 입증될 것이라는 의미이다.

23:11 내 발이 그의 걸음을 바로 따랐으며 내가 그의 길을 지켜 치우치지 아니하였고,

☞ *그의 걸음*

좌로나 우로나 치우침이 없는 하나님의 의의 길을 가리킨다.

23:12 내가 그의 입술의 명령을 어기지 아니하고 정한 음식보다 그의 입의 말씀을 귀히 여겼도다.

사람들이 하나님의 말씀을 기뻐하지 못하는 원인은 영적으로 건전하지 못하기 때문이다.

- **딤후 4:3-4** 때가 이르리니 사람이 바른 교훈을 받지 아니하며 귀가 가려워서 자기의 사욕을 따를 스승을 많이 두고 또 그 귀를 진리에서 돌이켜 허탄한 이야기를 따르리라.

또 성경을 알려고 힘쓰지 않기 때문이다. 또한 하나님의 말씀에 순종하지 않았기 때문이다.
다윗이 말씀의 맛을 깨닫게 된 것은 그 말씀을 주야로 묵상한 결과이다.

- **시 1:2** 오직 여호와의 율법을 즐거워하며 그 율법을 주야로 묵상하는 자로다.
- **시 119:71** 고난당한 것이 내게 유익이라. 이로 말미암아 내가 주의 율례들을 배우게 되었나이다.

23:13-14 그는 뜻이 일정하시니 누가 능히 돌이키랴 .그의 마음에 하고자 하시는 것이면 그것을 행하시나니, 그런즉 내게 작정하신 것을

이루실 것이라. 이런 일이 그에게 많이 있느니라.

10-12절까지 자신의 죄 없음을 주장하다가 13-14절에서 다시 절망의 자리로 떨어진다. 전후좌우, 동서남북을 헤매고 다녀 봐도 하나님을 발견할 수 없기에 결국 그의 결백이 증명되기 힘들다는 절망감이다. 14절에서 "작정하신 것을 이루실 것이다." 라는 비극적 결말을 생각하는 자의 비애가 담신 탄식이다.

23:15-16 그러므로 내가 그 앞에서 떨며 지각을 얻어 그를 두려워하리라. 하나님이 나의 마음을 약하게 하시며 전능자가 나를 두렵게 하셨나니,

23:17 이는 내가 두려워하는 것이 어둠 때문이나 흑암이 내 얼굴을 가렸기 때문이 아니로다.

Yet I am not silenced by the darkness, by the thick darkness that covers my face.

17절은 오직 전능자 하나님만을 경외하고 두려워한다는 뜻이다. 욥이 두려워하는 것은 바로 하나님이다. 욥을 3장 25절에서 "내가 두려워하는 그것이 내게 임하고 내가 무서워하는 그것이 내 몸에 미쳤구나"라면서 자신이 두려워하고 있는 것이 임하였다고 탄식하였다. 처음 3장 26절에서 "평온도 없고 안일도 없고 휴식도 없고 다만 불안만이 있구나" 하면서 그 때에 그가 두려워하던 것은 혼돈이었다.

그런데 23장 17절에 이르러 그가 두려워하는 것은 어둠이

나 흑암 즉 혼돈이 아님을 분명히 한다.

그는 바로 앞 절 23장 16절에서 그의 두려움의 대상이 하나님임을 밝힌다. "전능자가 나를 두렵게 하셨나니" 왜냐하면 그 분은 욥이 기대하는 무죄 선포를 해주실 법과 공평의 하나님 즉 공의의 하나님이기보다는 당신이 하고자 하는 것을 행하시고(13절 참조) 작정하신 것을 이루시는 분(14절 참조)이기 때문이다.

24장. 엘리바스의 세 번째 권면에 대한 욥의 대답(2)

24:1 어찌하여 전능자는 때를 정해 놓지 아니하셨는고. 그를 아는 자들이 그의 날을 보지 못하는고.

☞ *그의 날*

하나님께서 자신을 세계 지배자로서 나타내시는 특수한 때를 말한다.

예언서에는 '여호와의 날로 자주 언급 된다.

• **사 2:12** 대저 만군의 여호와의 날이 모든 교만한 자와 거만한 자와 자고한 자에게 임하리니 그들이 낮아지리라.

• **욜 1:15** 슬프다 그날이여 여호와의 날이 가까웠나니 곧 멸망 같이 전능자에게로부터 이르리로다.

24:2 어떤 사람은 땅의 경계표를 옮기며 양 떼를 빼앗아 기르며,

☞ *경계표*

이웃의 땅과 구분을 하기 위해 동방에서는 일반적으로 낮은 돌로써 경계표를 하였다.

• **신 19:14** 네 하나님 여호와께서 네게 주어 차지하게 하시는 땅 곧 네 소유가 된 기업의 땅에서 조상이 정한 네 이웃의 경계표를 옮기지 말지니라.

24:3-4 고아의 나귀를 몰아가며 과부의 소를 볼모 잡으며, 가난한 자를 길에서 몰아내나니 세상에서 학대 받는 자가 다 스스로 숨는구나.

24:5 그들은 거친 광야의 들나귀 같아서 나가서 일하며 먹을 것을 부지런히 구하니 빈 들이 그들의 자식을 위하여 그에게 음식을 내는구나.

- **시 104:21-23** 젊은 사자들은 그들의 먹이를 쫓아 부르짖으며 그들의 먹이를 하나님께 구하다가 해가 돋으면 물러가서 그들의 굴속에 눕고 사람은 나와서 일하며 저녁까지 수고하는도다.

24:6-8 밭에서 남의 꼴을 베며 악인이 남겨둔 포도를 따며, 의복이 없어 벗은 몸으로 밤을 지내며 추워도 덮을 것이 없으며, 산 중에서 만난 소나기에 젖으며 가릴 것이 없어 바위를 안고 있느니라.

24:9 어떤 사람은 고아를 어머니의 품에서 빼앗으며 가난한 자의 옷을 볼모 잡으므로,

☞ *고아를 어머니의 품에서 빼앗으며*

아직 젖도 떼지 않은 아이를 탈취하여 노예로 팔아넘기는 반인륜적인 일을 가리킨다.

24:10-11 그들이 옷이 없어 벌거벗고 다니며 곡식 이삭을 나르나 굶

주리고, 그 사람들의 담 사이에서 기름을 짜며 목말라 하면서 술 틀을 밟느니라.

- **약 5:4** 보라 너희 밭에 추수한 품꾼에게 주지 아니한 삯이 소리 지르며 추수한 자의 우는 소리가 만군의 주의 귀에 들렸느니라.

24:12 성 중에서 죽어가는 사람들이 신음하며 상한 자가 부르짖으나 하나님이 그들의 참상을 보지 아니하시느라.

24:13-14 또 광명을 배반하는 사람들은 이러하니 그들은 그 도리를 알지 못하며 그 길에 머물지 아니하는 자라. 사람을 죽이는 자는 밝을 때에 일어나서 학대 받는 자나 가난한 자를 죽이고 밤에는 도둑 같이 되며,

24:15-17 간음하는 자의 눈은 저물기를 바라며 아무 눈도 나를 보지 못하리라 하고 얼굴을 가리며, 어둠을 틈타 집을 뚫는 자는 낮에는 잠그고 있으므로 광명을 알지 못하나니, 그들은 아침을 죽음의 그늘 같이 여기니 죽음의 그늘의 두려움을 앎이니라.

- **잠 7:8-9** 그가 거리를 지나 음녀의 골목 모퉁이로 가까이 하여 그의 집 쪽으로 가는데, 저물 때, 황혼 때, 깊은 밤 흑암 중에라.

24:18 그들은 물 위에 빨리 흘러가고 그들의 소유는 세상에서 저주를 받나니 그들이 다시는 포도원 길로 다니지 못할 것이라.

☞ 소유

상속 재산.

24:19 가뭄과 더위가 눈 녹은 물을 곧 빼앗나니 스올이 범죄자에게도 그와 같이 하느니라.

24:20 모태가 그를 잊어버리고 구더기가 그를 달게 먹을 것이라. 그는 다시 기억되지 않을 것이니 불의가 나무처럼 꺾이리라.

☞ *모태*

자신을 잉태한 자궁(womb).

• **잠 10:7** 의인을 기념할 때에는 칭찬하거니와 악인의 이름은 썩게 되느니라.

24:21 그는 임신하지 못하는 여자를 박대하며 과부를 선대하지 아니하는도다.

24:22 그러나 하나님이 그의 능력으로 강포한 자들을 끌어내시나니 일어나는 자는 있어도 살아남을 확신은 없으리라.

욥은 여기서 앞 절에 진술된 악인들이 하나님께서 보존시키시는 은혜로 살아감을 말한다. 성경은 어디서든지 악인들이 생존과 형통함도 있다는 것을 말해준다.

• **렘 12:1-2** 여호와여 내가 주와 변론할 때에는 주께서 의로 우시니이다. 그러나 내가 주께 질문하옵나니 악한 자의 길이 형통하며 반역한 자가 다 평안함은 무슨 까닭이니까? 주께서 그들을 심으시므로 그들이 뿌리가 박히고 장성하여 열매를 맺었거늘 그들의 입은 주께 가까우나 그들의 마음은 머니이다.

24:23 하나님은 그에게 평안을 주시며 지탱해 주시나 그들의 길을 살피시도다.

그들이 하나님의 보호를 받으면서 평안히 지내기도 하는데 하나님의 눈이 그들을 보고 계신다는 사실이다.

24:24-25 그들은 잠깐 동안 높아졌다가 천대를 받을 것이며 잘려 모아진 곡식 이삭처럼 되리라. 가령 그렇지 않을지라도 능히 내 말을 거짓되다고 지적하거나 내 말을 헛되게 만들 자 누구랴!

악인들도 잠깐 높아지고 그 다음에는 낮아지고 없어지며 곡식 이삭처럼 베임을 당함에 있어서도 모든 사람들과 일반이란 뜻이다.

25장. 빌닷의 세 번째 권면

25:1-3 수아 사람 빌닷이 대답하여 이르되, 하나님은 주권과 위엄을 가지셨고 높은 곳에서 화평을 베푸시느라. 그의 군대를 어찌 계수할 수 있으랴 그가 비추는 광명을 받지 않은 자가 누구냐?

- **시 103:21** 그에게 수종들며 그의 뜻을 행하는 모든 천군이여 여호와를 송축하라.

25:4 그런즉 하나님 앞에서 사람이 어찌 의롭다 하며 여자에게서 난 자가 어찌 깨끗하다 하랴.

- **롬 3:23** 모든 사람이 죄를 범하였으매 하나님의 영광에 이르지 못하더니,

25:5-6 보라 그의 눈에는 달이라도 빛을 발하지 못하고 별도 빛나지 못하거든, 하물며 구더기 같은 사람, 벌레 같은 인생이랴!

☞ *달이라도*

피조물 가운데서 가장 순수하게 빛난다는 달조차도 하나님 보시기에는 미약하기 이를 데 없는 것이라는 뜻이다. 즉 조물주와 피조물과는 근본적으로 다름을 표현한 말이다.

26장. 빌닷의 세 번째 권면에 대한 욥의 대답

26:1-3 욥이 대답하여 이르되, 네가 힘없는 자를 참 잘 도와주는구나. 기력 없는 팔을 참 잘도 구원하여 주는구나, 지혜 없는 자를 참 잘도 가르치는구나. 큰 지식을 참 잘도 자랑하는구나!

26:4 네가 누구를 향하여 말하느냐? 누구의 정신이 네게서 나왔느냐?

☞ *정신이 네게서 나왔느냐*

네가 어디서 그런 대단한 영감을 얻었느냐?

• **창 2:7** 여호와 하나님이 땅의 흙으로 사람을 지으시고 생기를 그 코에 불어넣으시니 사람이 생령이 되니라.

26:5 죽은 자의 영들이 물 밑에서 떨며 물에서 사는 것들도 그러하도다.

• **시 88:10** 주께서 죽은 자에게 기이한 일을 보이시겠나이까 유령들이 일어나 주를 찬송하리이까(셀라)

26:6-8 하나님 앞에서는 스올도 벗은 몸으로 드러나며 멸망도 가림이 없음이라. 그는 북쪽을 허공에 펴시며 땅을 아무것도 없는 곳에 매다시며, 물을 빽빽한 구름에 싸시나 그 밑의 구름이 찢어지지 아니하느니라.

• **창 1:2** 땅이 혼돈하고 공허하며 흑암이 깊음 위에 있고 하나님의 영은 수면 위에 운행하시니라.

26:9-10 그는 보름달을 가리시고 자기의 구름을 그 위에 펴시며, 수면에 경계를 그으시니 빛과 어두움이 함께 끝나는 곳이니라.

☞ *수면에 경계를 그으시니*

먼 바다에 수평선을 그으시고

26:11 그가 꾸짖으신즉 하늘 기둥이 흔들리며 놀라느니라.

☞ *하늘기둥*

산들을 말한다. 당시에는 산들 위에 하늘이 놓여 있다고 생각했다.

• **시 104:7** 주께서 꾸짖으시니 물은 도망하며 주의 우렛소리로 말미암아 빨리 가며,

26:12 그는 능력으로 바다를 잔잔하게 하시며 지혜로 라합을 깨뜨리시며,

☞ *라합*

바다 괴물, 폭풍우

26:13 그의 입김으로 하늘을 맑게 하시며 손으로 날렵한 뱀을 무찌르시나니,

☞ *날렵한 뱀*

하늘에 거하는 악한 영들

• **시 33:6** 여호와의 말씀으로 하늘이 지음이 되었으며 그 만상을 그의 입 기운으로 이루었도다.

그의 입김으로 하늘을 맑게 하시며(By his breath the skies became fair)

26:14 보라 이런 것들은 그의 행사의 단편일 뿐이요 우리가 그에게서 들은 것도 속삭이는 소리일 뿐이니 그의 큰 능력의 우렛소리를 누가 능히 헤아리랴.

27장. 세 친구에 대한 욥의 대답

27:1 욥이 또 풍자하여 이르되,

☞ *풍자하여*

잘못에 대하여 비웃으며 빗대어 공격함.

27:2 나의 정당함을 물리치신 하나님, 나의 영혼을 괴롭게 하신 전능자의 사심을 두고 맹세하노니.

• **룻 1:20** 나오미가 그들에게 이르되 나를 나오미라 부르지 말고 나를 마라(괴로움)라 부르라 이는 전능자가 나를 심히 괴롭게 하셨음이니라.

27:3 나의 호흡이 아직 내 속에 완전히 있고 하나님의 숨결이 아직도 내 코에 있느니라.

☞ *하나님의 숨결*

하나님의 호흡, 곧 생기를 말한다.(the breath of God)

27:4-6 결코 내 입술이 불의를 말하지 아니하며 내 혀가 거짓을 말하지 아니하리라. 나는 결코 너희를 옳다 하지 아니하겠고 내가 죽기 전에는 나의 온전함을 버리지 아니할 것이라. 내가 내 공의를 굳게 잡고 놓지 아니하리니 내 마음이 나의 생애를 비웃지 아니하리라.

☞ *거짓*

사실이 아닌 것을 사실처럼 꾸민 것.

☞ *공의*

공평하고 의로움

27:7-8 나의 원수는 악인 같이 되고 일어나 나를 치는 자는 불의한 자 같이 되기를 원하노라. 불경건한 자가 이익을 얻었으나 하나님이 그의 영혼을 거두실 때에는 무슨 희망이 있으랴.

27:9 환난이 그에게 닥칠 때 하나님이 어찌 그의 부르짖음을 들으시랴.

☞ *그의 부르짖음을 들으시랴*

불의한 자에게 이미 하나님이 심판했을 때는 그의 회개 기도가 아무 소용이 없으며 하나님도 듣지 않으신다는 뜻이다.

27:10 그가 어찌 전능자를 기뻐하겠느냐, 항상 하나님께 부르짖겠느냐?

☞ *어찌 전능자를 기뻐하겠느냐*

의인은 고난을 기쁘게 여길 수 있으나 자기 죄 때문에 징벌을 당하는 자는 결코 심판자 되시는 하나님을 기뻐할 수 없다는 뜻이다.

☞ *항상 하나님께 부르짖겠느냐*

항상 하나님께 기도한 적이 있느냐?

27:11-12 하나님의 솜씨를 내가 너희에게 가르칠 것이요 전능자에게 있는 것을 내가 숨기지 아니하리라, 너희가 다 이것을 보았거늘 어찌하여 그토록 무익한 사람이 되었는고.

27:13-15 악인이 하나님께 얻은 분깃, 포악자가 전능자에게 받을 산업은 이것이라. 그의 자손은 번성하여도 칼을 위함이요, 그의 후손은 음식물로 배부르지 못할 것이며, 그 남은 자들은 죽음의 병이 돌 때에 묻히리니 그들의 과부들이 울지 못할 것이며,

27:16-17 그가 비록 은을 티끌 같이 쌓고 의복을 진흙 같이 준비할지

라도 그가 준비한 것을 의인이 입을 것이요 그의 은은 죄 없는 자가 차지할 것이며,

☞ *의복을 진흙같이 준비할지라도*

부요한 집은 예복 평상복 등 많은 의복을 갖고 있었는데 중요한 손님들에게는 호의의 표시로써 제공되기도 하였다.

• **슥 9:3** 두로는 자기를 위하여 요새를 건축하며 은을 티끌같이, 금을 거리의 진흙 같이 쌓았도다.

27:18 그가 지은 집은 좀의 집 같고 파수꾼의 초막 같을 것이며,

☞ *좀의 집*

거미집

☞ *파수꾼의 초막*

포도원과 과수원을 지키는 자의 천막집으로 가장 약하고 부서지기 쉬운 것들로 지어진다.

27:19 부자로 누우려니와 다시는 그렇지 못할 것이요 눈을 뜬즉 아무것도 없으리라.

He lies down wealthy, but will do so no more; when he opens his eyes, all is gone.

그가 부자가 돼 누워도 그것으로 마지막이요 눈을 뜨고 나면 모든 것이 없어지고 말 것이다.

27:20-21 두려움이 물 같이 그에게 닥칠 것이요 폭풍이 밤에 그를 앗

아갈 것이며, 동풍이 그를 들어 올리리니 그는 살아질 것이며 그의 처소에서 그를 몰아내리라.

☞ *동풍*

곡식을 말라 죽이는 건조하고 더운 바람.

27:22-23 하나님은 그를 아끼지 아니하시고 던져버릴 것이니 그의 손에서 도망치려고 힘쓰리라. 사람들은 그를 바라보며 손뼉치고 그의 처소에서 그를 비웃으리라.

☞ *손뼉치고 … 비웃으리라*

박수갈채를 의미하며, 악인에 대한 하나님의 공의로운 심판을 마땅하게 여겨서 치는 박수이다.

• **겔 25:6** 주 여호와께서 이같이 말씀하셨느니라. 네가 이스라엘 땅을 대하여 손뼉을 치며 발을 구르며 마음을 다하여 멸시하며 즐거워하였나니,

친구들과 세 번째 대화에서 친구들의 논리는 여전히 앞선 주장들과 같다. 사람은 하나님 앞에서 지극히 미약한 존재이고, 하나님은 지극히 크신 분으로, 욥의 고난이 여전히 인과응보에 대한 관습적인 교리의 틀에 의한 죄인임을 강조한다. 엘리바스는 끝으로 욥의 회개를 종용한다. 만약 전능자에게 돌아오고 불의를 멀리하면 복이 임하고 구원을 받으리라(22:29 참조)고 충고한다. 세 번째 대화에서 빌닷의 발언이 축소되고 소발은 아예 등장하지도 않는다. 소발의 침묵은 토론의 종언을 의미한다.

친구들과 세 번째 대화에서 욥의 분위기 급전이 수차례 반복된다. 특히 23장 1~7절에서 하나님과의 법정공방이 가능하다면 하나님이 들으시고 구원받게 되리라는 소망을 말한다. 그러나 곧바로 8~9절에서 만날 수 없는 하나님에 대한 절망을 탄식한다. 하지만 바로 다음 절인 10절에서는 최고의 소망의 언어가 등장한다. "나의 가는 길을 오직 그가 아시나니 그가 나를 단련하신 후에 내가 정금같이 나오리라" 그러나 23장의 마무리는 또다시 절망의 말들이다. 이와 같이 소망과 절망의 언어들이 교차되어 반복하는 이유는 무엇일까. 즉 소망이 클수록 절망도 커지기 마련이다. 하나님 앞에 나아가 자신의 순전함을 증명 받을 것에 대한 바람이 간절해질수록 현실에서 그렇게 할 수 없다는 실망감의 낙차는 훨씬 클 것이다. 끝으로 그만큼 욥의 구원의 때가 가까웠음을 시사한다. 새벽 미명이 가장 어두운 때이다. 그러나 그 최후의 가장 깜깜한 어둠을 통과한다면 광명한 아침이 기다리고 있다. 욥 또한 그의 낙심과 비애의 표현이 극에 달하고 있다는 것은 그의 구원의 새벽이 이제 곧 밝아 올 것을 보여준다.

친구들과의 세 번째 대화에서 욥이 말하는 주제는 다섯 가지이다.

첫째, 욥은 자신의 무죄함이 법정소송을 통해 증명 받으리라는 확신에 차 있다.(23:3~7 참조)

둘째, 하나님에 대한 물음(24:1~17 참조)이다. 하나님의 세상 섭리에 대한 가장 신랄한 질문으로 나아가고 있다.

셋째, 하나님의 전지전능하심을 말한다(26:1~14 참조).

넷째, 자신의 무고함에 대한 맹세로 나아가고 있다.

더불어 대적자인 친구들에 대한 저주로 이어진다(27:1~10 참조). 끝으로, 이제까지의 친구들의 말들을 "터무니없는 말"로 치부한다.

우리는 때때로 세상 가운데 하나님의 부재를 경험한다. 실제로, 욥이 애절하게 찾는 하나님은 그 어디에서도 발견되지 않는다(23:8~9 참조). 그러나 욥은 끝까지 하나님의 부재를 선포하지 않는다. 반면에 악인은 하나님이 없다고 선포한다. "악인은 그의 모든 사상에 하나님이 없다 하나이다(시 10:4 참조).

하나님 부재의 세상 경험은 우리로 하여금 악인을 따르게 한다. 결국 알 수 없는 하나님 이해가 하나님의 신비가 아닌 하나님의 부재로 흘러 버린다면 악인의 길로 접어들게 된다. 솔직히 이 세상 속에서 살아가는 동안에 우리는 얼마나 많은 시간 가운데 하나님을 의식하며 또 의지하고 살아가고 있는가? 오히려 하나님 없음을 은연중에 긍정하며 살고 있지 않는가? 욥은 고통 속에서 하나님을 계속 의식했고 의지했다. 그에게 닥친 고통은 세상 속에서 더욱 간절하게 하나님의 실존을 요구하도록 인도하고 있다.

참혹한 욥의 고통 속에서 하나님은 여전히 살아 계셨고 그의 음성을 다 듣고 계셨다. 욥이 그의 하나님 부재를 선언하지 않는 한, 이해할 수 없는 상황 속에서 하나님은 신비 가운데 머물러 계신다. 그러나 욥의 포기하지 않는 하나님의 발견 노력이 마침내 살아계신 하나님의 체험으로 이어졌다(38~39장 참조). 하나님 부재의 세계에서 하나님 신비의 세계로 더 나아가 하나님 현존의 세계로 욥은 나아간다.

제9단원
28장

28장. 지혜와 명철

28:1-2 은이 나는 곳이 있고 금을 제련하는 곳이 있으며 철은 흙에서 캐나고 동은 돌에서 녹여 얻느니라.

28:3 사람은 어둠을 뚫고 모든 것을 끝까지 탐지하여 어둠과 죽음의 그늘에 있는 광석도 탐지하되,

☞ *탐지*

들어나지 않은 사실이나 물건들을 살펴 알아냄.

욥은 사람들이 귀하게 여기는 금은동철의 출처가 이 세상

에 있다고 한다. 그러나 하나님을 경외하는 지혜는 이 세상에서는 찾을 수 없다는 것이 이 말씀 중에 암시된다. 그렇다면 하나님을 경외하는 지혜는 금이나 은에 비할 수 없이 귀한 것이다.

28:4-5 그는 사람이 사는 곳에서 멀리 떠나 갱도를 깊이 뚫고 발길이 닿지 않는 곳 사람이 없는 곳에 매달려 흔들리느니라. 음식은 땅으로부터 나오나 그 밑은 불처럼 변하였도다.

- **시 104:14** 그가 가축을 위한 풀과 사람을 위한 채소를 자라게 하시며 땅에서 먹을 것이 나게 하셔서,

28:6-8 그 돌에는 청옥이 있고 사금도 있으며, 그 길은 솔개도 알지 못하고 매의 눈도 보지 못하며, 용맹스러운 짐승도 밟지 못하였고 사나운 사자도 그리로 지나가지 못하였느니라.

28:9 사람이 굳은 바위에 손을 대고 산을 뿌리까지 뒤엎으며,

☞ *산을 뿌리까지 뒤엎으며*

광부는 보석을 찾기 위해 산을 뿌리째 뽑을 만큼 수고를 아끼지 않는다는 뜻. 이는 역설적으로 하나님의 지혜를 구하지 않는 인간의 어리석음을 지적한 말이다.

28:10-11 반석에 수로를 터서 각종 보물을 눈으로 발견하고, 누수를 막아 스며 나가지 않게 하고 감추어져 있던 것을 밝은 데로 끌어내느

니라.

28:12-14 그러나 지혜는 어디서 얻으며 명철이 있는 곳은 어디인고. 그 길을 사람이 알지 못하나니 사람 사는 땅에서는 찾을 수 없구나! 깊은 물이 이르기를 내 속에 있지 아니하다 하며 바다가 이르기를 나와 함께 있지 아니하다 하느니라.

참으로 하나님을 아는 지식은 이 세상의 어느 곳에도 없다. 하나님만 그것(지식)을 아시며 또 계시해주신다. 인간은 자기의 힘과 자율로써 하나님을 아는 것은 절대적으로 불가능하다. 이와 같이 인간은 자율적으로 하나님을 알 수 없는 자이기 때문에 하나님께서 주시는 계시의 말씀을 믿지 않으면 하나님을 결코 알 수 없다.

- **히11:1-3** 믿음은 바라는 것들의 실상이요 보지 못하는 것들의 증거니, 선진들이 이로써 증거를 얻었느니라. 믿음으로 모든 세계가 하나님의 말씀으로 지어진 줄을 우리가 아나니 보이는 것은 나타난 것으로 말미암아 된 것이니라.

28:15-19 순금으로도 바꿀 수 없고 은을 달아도 그 값을 당하지 못하리니, 오빌의 금이나 귀한 청옥수나 남보석으로도 그 값을 당하지 못하겠고, 황금이나 수정이라도 비교할 수 없고 정금 장식품으로도 바꿀 수 없으며, 진주와 벽옥으로도 비길 수 없나니 지혜의 값은 산호보다 귀하구나. 구스의 황옥으로도 비교할 수 없고 순금으로도 그 값을 헤아리지 못하리라.

28:20-23 그런즉 제혜는 어디서 오며 명철이 머무는 곳은 어디인고? 모든 생물의 눈에 숨겨졌고 공중의 새에게 가려졌으며, 멸망과 사망도 이르기를 우리가 귀로 그 소문을 들었다 하느니라. 하나님이 그 길을 아시며 있는 곳을 아시나니,

- **잠 8:22-31** 여호와께서 그 조화의 시작 곧 태초에 일하시기 전에 나를 가지셨으며, 만세 전부터, 태초부터, 땅이 생기기 전부터 내가 세움을 받았나니, 아직 바다가 생기지 아니하였고 큰 샘들이 있기 전에 내가 이미 났으며, 산이 세워지기 전에, 언덕이 생기기 전에 내가 이미 났으니, 하나님이 아직 땅도, 들도, 세상 진토의 근원도 짓지 아니하셨을 때에라. 그가 하늘을 지으시며 궁창을 해면에 두르실 때에 내가 거기 있었고, 그가 위로 구름 하늘을 견고하게 하시며 바다의 샘들을 힘 있게 하시며, 바다의 한계를 정하여 물이 명령을 거스리지 못하게 하시며 또 땅의 기초를 정하실 때에, 내가 그 곁에 있어서 창조자가 되어 날마다 그의 기뻐하신 바가 되었으며 항상 그 앞에서 즐거워하였으며, 사람이 거처할 땅에서 즐거워하며 인자들을 기뻐하였었느니라.

28:24-27 이는 그가 땅 끝까지 감찰하시며 온 천하를 살피시며, 바람의 무게를 정하시며 물의 분량을 정하시며, 비 내리는 법칙을 정하시고 비구름의 길과 우레의 법칙을 만드셨음이라. 그 때에 그가 보시고 선포하시며 굳게 세우시며 탐구하셨고,

• **시 135:7** 안개를 땅 끝에서 일으키시며 비를 위하여 번개를 만드시며 바람을 그 곳간에서 내시는도다.

28:28 또 사람에게 말씀하셨도다. 보라 주를 경외함이 지혜요 악을 떠남이 명철이니라.

☞ *주를 경외함*

우리가 하나님을 경외한다는 것은 예배의식이나 종교적인 행위에 있지 않고 참으로 하나님을 공경하고 두려워하는 마음이다.

• **잠 1:7** 여호와를 경외하는 것이 지식의 근본이거늘 미련한 자는 지혜와 훈계를 멸시하느니라.

• **잠 9:10** 여호와를 경외하는 것이 지혜의 근본이요 거룩하신 자를 아는 것이 명철이니라.

심층탐구
28장

욥기 전체에서 28장은 갑작스런 출현이다. 이 부분은 세 친구와의 논쟁의 종결부(27장 참조)와 욥의 마지막 독백(29~31장 참조) 사이를 갈라놓아 자연스런 흐름을 방해하고 있다.

욥기 28장은 후세에 써져서 후대의 첨가물로 보는 성경학자들도 있다. 그 이유 중에 하나가 욥의 시대는 청동기시대인데 철기 이야기(28:2 참조)가 나오면서 그 근거의 하나로 이야기한다.

28장은 욥과 친구들 사이의 논쟁이 지혜의 찬가로 끝나는 이유는 지금까지 양자가 하나님의 세상 섭리를 추구해 왔지만 그것을 깨닫는 일이 그만큼 어렵다는 것을 밝히기 위함이다. 친구들은 이미 지혜를 소유하고 있는 체 했다. 그래서 그들은 현자처럼 욥에게 충고도 하고 꾸중도 했다.

반면에 욥은 하나님의 지혜를 찾아 왔다. 자신에게 닥친 상황은 하나님에 대하여 기존의 어떤 교리로도 설명할 수 없었기 때문이다.

욥기 28장을 잠언서 8장과도 비교하기도 한다. 욥기 28장이 어디서 지혜를 찾을 수 있는가에 있다면 잠언서 8장은 지혜가 무엇인가에 관심을 둔다.

욥기의 지혜 찬양시가 우리에게 보여주는 하나님의 모습은 유일한 지혜의 통로이시다. 하나님의 창조적 행동 가운데 비로소 지혜가 드러나며 인간으로서는 하나님의 경외를 통해서만이 지혜에 이를 수 있기 때문이다.

본문 28장은 지혜의 출처 곧 "지혜의 기원과 머무는 곳"을 묻는다. 그러나 실제로 지혜의 장소가 이곳에 있다, 저곳에 있다, 라고 언급되지는 않는다. 오직 하나님의 창조 가운데 지혜가 깃들어있음을 증언한다. 따라서 피조세계에서 그 어떤 것도 지혜를 터득할 수가 없다. 단지 하나님을 경외하는 자만이, 악을 떠난 자(28:28)만이 하나님의 창조 행위에 참여할 때에 그곳에서 지혜의 길이 열리게 된다. 이 세상에서 지혜는 잡히지 않기에 어떤 의미에서 감추어진 신비이다. 그러나 하나님 안에서 지혜는 창조하는 행동이다.

우리는 욥기 28장의 지혜 찬양 묵상을 통하여 큰 깨달음을 얻는다. 그것은 바로 진정한 지혜란 하나님을 경외하는 신앙 가운데 행동하는 믿음의 현장에서 발견된다. 지혜는 철학자들이 주장하는 추상적 개념이나 실용적 기술이나 사회에서의 처세 능력에 있지 않다.

28장 본문의 말씀이 반복하듯 지혜의 장소는 이 세상 어느 곳에서도 발견될 수 없다. 하나님과 떨어져있는 인간의 어느 영역에서도 지혜는 발견 될 수 없다.

지혜는 미련한 것 같으나 묵묵히 믿음의 길을 가는 하나님의 사람들에게 진정한 지혜는 자리한다. 교회를 위해 영혼을 위해 일하는 자리가 바로 지혜의 장소이다. 이런 면에서 하나님은 당신의 세상 섭리를 묻는 욥에게 무고한 고통으로 인하여 괴로워하며 탄식하고 있기 보다는 여전히 믿음으로 나아가고 사랑으로 실천하는 것이 진정한 지혜요 하나님의 섭리임을 가르쳐 주신다.

제10단원
29-31장

29장. 욥의 마지막 대답

29:1-3 욥이 풍자하여 이르되, 나는 지난 세월과 하나님이 나를 보호하시던 때가 다시 오기를 원하노라. 그 때에는 그의 등불이 내 머리에 비치었고 내가 그의 빛을 힘입어 암흑에서도 걸어다녔느니라.

☞ *그의 등불*

하나님의 인도하심과 축복을 나타내는 은유적 표현으로 범사와 가정의 행복을 가리킨다.

• **삼하 21:17** 스루야의 아들 아비새가 다윗을 도와 그 블레셋 사람을 쳐 죽이니 그때 다윗의 추종자들이 다윗에게 맹세하여

이르되 왕은 다시 우리와 함께 전장에 나가지 마옵소서 이스라엘의 등불이 꺼지지 말게 하옵소서 하니라.

29:4 내가 원기 왕성하던 날과 같이 지내기를 원하노라 그 때에 는 하나님이 내 장막에 기름을 발라 주셨도다.

☞ *원기 왕성하던 날*

젊은 날, 한창 때

• **잠 3:32-33** 대저 패역한 자는 여호와의 미워하시나 정직한 자에게는 그의 교통하심이 있으며, 악인의 집에는 여호와의 저주가 있거니와 의인의 집에는 복이 있느니라.

29:5 그 때에는 전능자가 아직도 나와 함께 계셨으며 나의 젊은이들이 나를 둘러 있었으며,

• **시 128:3** 네 집 안방에 있는 네 아내는 결실한 포도나무 같으며 네 식탁에 둘러앉은 자식들은 어린 감람나무 같으리로다.

29:6 젖으로 내 발자취를 씻으며 바위가 나를 위하여 기름 시내를 쏟아냈으며,

모든 일이 번성하여 젖처럼 기름기가 넘치고 윤택해짐을 말한다.

29:7 그 때에는 내가 나가서 성문에 이르기도 하며 내 자리를 거리에

마련하기도 하였느니라.

☞ *성문에 이르기도 하며*

고대 시대에 성문은 재판이나 회의가 행해지는 공공의 장소였다. 욥은 족장시대에 재판과 공무로 행했던 것 같다.

29:8-10 나를 보고 젊은이들은 숨으며 노인들은 일어나서 서며, 유지들은 말을 삼가고 손으로 입을 가리며, 지도자들은 말소리를 낮추었으니 그들의 혀가 입천장에 붙었느니라.

욥의 판결에 이의를 제기하지 않았다는 뜻이다.

29:11 귀가 들은즉 나를 축복하고 눈이 본즉 나를 증언하였나니,

☞ *나를 증언하였나니*

나를 위하여 칭찬(commend)하였다.

29:12-13 이는 부르짖는 빈민과 도와줄 자 없는 고아를 내가 건졌음이라. 망하게 된 자도 나를 위하여 복을 빌었으며 과부의 마음이 나로 말미암아 기뻐 노래하였느니라.

• **시 72:12-13** 그는 궁핍한 자가 부르짖을 때에 건지며 도움이 없는 가난한 자도 건지며, 그는 가난한 자와 궁핍한 자를 불쌍히 여기며 궁핍한 자의 생명을 구원하며

29:14-16 내가 의를 옷으로 삼아 입었으며 나의 정의는 겉옷과 모자 같았느니라. 나는 맹인의 눈도 되고 다리 저는 사람의 발도 되고 빈

궁한 자의 아버지도 되며 내가 모르는 사람의 송사를 돌보아 주었으며,

☞ *모르는 사람의 송사를 돌보아 주었으며*

공정한 재판으로 타인의 억울함을 풀어주었다.

29:17 불의한 자의 턱뼈를 부수고 노획한 물건을 그 잇새에서 빼내었느니라.

불의한 자를 공정하게 재판하여 형벌을 내렸다.

- **시 3:7** 여호와여 일어나소서. 나의 하나님이여 나를 구원하소서. 주께서 나의 모든 원수의 뺨을 치시며 악인의 이를 꺾으셨나이다.
- **시 58:6** 하나님이여 그들의 입에서 이를 꺾으소서. 여호와여 젊은 사자의 어금니를 꺾어 내시며,

29:18 내가 스스로 말하기를 나는 내 보금자리에서 숨을 거두며 나의 날은 모래알 같이 많으리라 하였느니라.

☞ *보금자리*

나의 가족이 있는 가정을 가리킨다.

29:19-20 내 뿌리는 물로 뻗어나가고 이슬이 내 가지에서 밤을 지내고 갈 것이며, 내 영광은 내게 새로워지고 내 손에서 내 화살이 끊이지 않았노라.

나무의 뿌리나 가지는 수분을 섭취하므로 잘 성장하여 퍼

진다. 여기서 욥은 하나님의 은혜로 자기의 생활이 행복하게 된 사실을 나무에 비유한다. 그는 자기가 하나님을 의뢰하며 무엇보다도 그의 영혼이 잘되고 있는 것을 말한다.

☞ *내 손에서 내 화살이 끊이지 않았노라*

그는 항상 새로운 힘과 능력을 지니고 살았음을 말한다.

29:21-22 무리는 내 말을 듣고 희망을 걸었으며 내가 가르칠 때에 잠잠하였노라. 내가 말한 후에는 그들이 말을 거듭하지 못하였나니 나의 말이 그들에게 스며들었음이라.

29:21-22 무리는 내 말을 듣고 희망을 걸었으며 내가 가르칠 때에 잠잠하였노라. 내가 말한 후에는 그들이 말을 거듭하지 못하였나니 나의 말이 그들에게 스며들었음이라.

☞ *나의 말을 듣고 희망을 걸었으며*

나의 말을 조용히 받아들였다.(My words fell gently on their ears.)

- **렘 17:7-8** 그러나 무릇 여호와를 의지하며 여호와를 의뢰하는 그 사람은 복을 받을 것이라 그는 물가에 심어진 나무가 그 뿌리를 강변에 뻗치고 더위가 올지라도 두려워하지 아니하며 그 잎이 청청하며 가무는 해에도 걱정이 없고 결실이 그치지 아니함 같으리라.
- **창 49:24** 요셉의 활은 도리어 굳세며 그의 팔은 힘이 있으니 이는 야곱의 전능자 이스라엘의 반석인 목자의 손을 힘입음이라.

29:23 그들은 비를 기다리듯 나를 기다렸으며 봄비를 맞이하듯 입을 벌렸느니라.

☞ *봄비*

가을에 오는 비를 이른 비, 봄에 내리는 비를 늦은 비라 한다. 4월의 봄비는 농작물 생장에 절대적으로 필요한 것이다.

• **슥 10:1** 봄비가 올 때에 여호와 곧 구름을 일게 하시는 여호와께 비를 구하라. 무리에게 소낙비를 내려서 밭의 채소를 각 사람에게 주시리라.

29:24 그들이 의지 없을 때에 내가 미소하면 그들이 나의 얼굴 빛을 무색하게 아니하였느니라.

☞ *나의 얼굴빛을 무색하게 아니하였느니라*

나의 밝은 표정이 그들에게도 값진 것이었다.(The light of my face was precious to them.)

29:25 내가 그들의 길을 택하여 주고 으뜸 되는 자리에 앉았나니 왕이 군대 중에 있는 것과도 같았고 애곡하는 자를 위로하는 사람과도 같았느니라.

30장. 욥이 현실을 탄식함

30:1 그러나 이제는 나보다 젊은 자들이 나를 비웃는구나. 그들의 아비들은 내가 보기에 내 양 떼를 지키는 개 중에도 둘만하지 못한 자들이니라.

☞ *이제는 나보다 젊은 자들이 나를 비웃는구나*

젊은 자들은 "어린"의 의미도 있지만 "미천한"의 의미도 있다. 따라서 욥보다 어린 자들이라기보다 신분이 저급한 자를 칭한다. 더군다나 그들의 아버지를 개들(dogs) 보다도 더 못한 존재로 표현하고 있으며 2-8절에서 그들의 미천하고 소외된 형편을 냉소하고 있다.

놀라운 사실은 29장에서 힘없고 약한 자들을 위해서 그렇게 자애롭고 의롭던 욥의 모습이었는데 30장에서는 욥의 도움을 받고 살던 사람들로부터 비웃음을 당하고 있는 현실을 보면서 괴로움을 경험하고 있다. 그들은 욥으로부터 받은 은혜를 배신하여 180도 돌변한 모습이다. 그들은 본래 미련한 자의 자식이요, 이름 없는 자들의 자식으로서 고토에서 쫓겨난 자들이니라. 이와 같은 가난한 사람들이 불의 또는 독선의 희생물이라 느낄 때에 욥은 자발적으로 그들을 보호하고 변호하고 나섰지만 불행한 그들이 이제는 자신의 역경을 비웃고 외면하고 있음을 탄식하고 있다.

☞ *개 중에서도 둘만하지 못한 자*

30:8에서 미련한 자로서 지식이 없는 자가 아니라 무신론

자(godless)로서 도덕적으로 타락한 자를 말함. 욥은 여기서 종교 윤리적인 표준에 의하여 사람의 신분을 극히 날카롭게 표현하였다.

• **신 23:18** 창기가 번 돈과 개 같은 자의 소득은 어떤 서원하는 일로든지 네 하나님 여호와의 전에 가져오지 말라 이 둘은 다 네 하나님 여호와께 가증한 것임이니라.

30:2-7 **그들의 기력은 쇠잔하였으니 그들의 손의 힘이 내게 무슨 소용이 있으랴. 그들은 곧 궁핍과 기근으로 인하여 파리하며 캄캄하고 메마른 땅에서 마른 흙을 씹으며, 떨기나무 가운데서 짠 나물을 꺾으며 대싸리 뿌리로 먹을거리를 삼느니라. 무리가 그들에게 소리를 지름으로 도둑 같아 사람들 가운데서 쫓겨나서, 침침한 골짜기와 흙구덩이와 바위굴에 살며, 떨기나무 가운데서 부르짖으며 가시나무 아래에 모여 있느니라.**

30:8 **그들은 본래 미련한 자의 자식이요 이름 없는 자들의 자식으로서 고토에서 쫓겨난 자들이니라.**

☞ 고토

자신이 살던 고향.

30:9-11 **이제는 그들이 나를 노래로 조롱하며 내가 그들의 놀림거리가 되었으며, 그들이 나를 미워하여 멀리하고 서슴지 않고 내 얼굴에 침을 뱉는도다. 이는 하나님이 내 활시위를 늘어지게 하시고 나를 곤**

고하게 하심으로 무리가 내 앞에서 굴레를 벗었음이니라.

☞ *활시위를 늘어지게 하시고*

고삐를 늦춘 소가 힘을 쓰지 못하듯이 하나님께서 욥을 약하게 하셔서 고난을 받게 하셨음을 말한다.

☞ *내 앞에서 굴레를 벗었음이니라*

이제는 부유하고 족장으로써의 욥이 아니고 그의 권위와 위엄도 사라져서 그들이 욥의 정신적인 통제권에서 벗어났다는 말이다.

30:12-14 그들이 내 오른쪽에서 일어나 내 발에 덫을 놓으며 나를 대적하여 길을 에워싸며, 그들이 내 길을 헐고 내 재앙을 재촉하는데도 도울 자가 없구나! 그들은 성을 파괴하고 그 파괴한 가운데로 몰려드는 것 같이 내게 달려드니,

30:15 순식간에 공포가 나를 에워싸고 그들이 내 품위를 바람 같이 날려버리니 나의 구원은 구름 같이 지나가 버렸구나!

☞ *구원은 바람 같이 지나가버렸구나*

환난과 고통으로 건짐 받는 행복한 모습이 사라졌다는 뜻이다.

30:16-17 이제는 내 생명이 내 속에서 녹으니 환난 날이 나를 사로잡음이라. 밤이 되면 내 뼈가 쑤시니 나의 아픔이 쉬지 아니하는구나!

30:18-19 그가 큰 능력으로 나의 옷을 떨쳐버리시며 나의 옷깃처럼

나를 휘어잡으시는구나! 하나님이 나를 진흙 가운데 던지셨고 나를 티끌과 재 같게 하셨구나!

욥은 자기의 고통의 원인이 하나님께 있다고 굳건히 믿었다.

☞ *진흙 가운데*

불행과 좌절의 가장 깊은 곳을 상징함.

30:20 내가 주께 부르짖으나 주께서 대답하지 아니하시오며 내가 섰사오나 주께서 나를 돌아보지 아니하시나이다.

☞ *내가 섰사오나*

기도하는 모습니다. 유대인들은 보통 서서 기도를 했다.

☞ *주께서 나를 돌아보지 아니하시나이다*

그러나 욥은 고통 중에도 하나님을 떠나지 아니했다.

30:21-22 주께서 돌이켜 내게 잔혹하게 하시고 힘 있는 손으로 나를 대적하시나이다. 나를 바람 위에 들어 불려가게 하시며 무서운 힘으로 나를 던져 버리시나이다.

30:23 내가 아나이다. 주께서 나를 죽게 하사 모든 생물을 위하여 정한 집으로 돌려보내시리이다.

☞ *모든 생물을 위하여 정한 집으로*

무덤을 뜻한다.

30:24-27 그러나 사람이 넘어질 때에 어찌 손을 펴지 아니하며 재앙을 당할 때에 어찌 도움을 부르짖지 아니하리이까? 고생의 날을 보

내는 자를 위하여 내가 울지 아니하였는가? 빈궁한 자를 위하여 내 마음에 근심하지 아니하였는가? 내가 복을 바랐더니 화가 왔고 광명을 기다렸더니 흑암이 왔구나! 내 마음이 들끓어 고요함이 없구나! 환난 날이 내게 임하였구나!

30:28 나는 햇볕에 쬐지 않고도 검어진 피부를 가지고 걸으며 회중 가운데 서서 도움을 부르짖고 있느니라.

☞ *검어진 피부*

슬픔과 질병과 고난으로 검어진 피부.

30:29 나는 이리의 형제요 타조의 벗이로구나!

☞ *이리의 형제요 타조의 벗*

이리와 타조는 그들의 울음소리 때문에 슬픔의 상징으로 표현.

• **미 1:8** 이러므로 내가 애통하며 애곡하고 벌거벗은 몸으로 행하며 들개 같이 애곡하고 타조 같이 애통하리니,

30:30 나를 덮고 있는 피부는 검어졌고 내 뼈는 열기로 말미암아 탔구나!

• **애 4:8** 이제는 그 얼굴의 얼굴이 숯보다 검고 그 들의 가죽이 뼈들에 붙어 막대기 같이 말랐으니 어느 거리에서든지 알 아 볼 사람이 없도다.

30:31 내 수금은 통곡이 되었고 내 피리는 애곡이 되었구나!

• **애 5:15** 우리 마음에는 기쁨이 그쳤고 우리의 춤은 변하여 슬픔이 되었사오며,

31장. 욥의 결론

31:1 내가 내 눈과 약속하였나니 어찌 처녀에게 주목하랴.

☞ *처녀에게 주목하랴*

눈으로 죄를 짓지 않겠다고 언약하였으므로 여자를 음란한 눈으로 보지 않았다는 것을 말한다.

31:2 그리하면 위에 계신 하나님께서 내리시는 분깃이 무엇이겠으며 높은 곳의 전능자께서 주시는 기업이 무엇이겠느냐?

☞ *분깃*

유산으로 나누어 받는 몫.

여기서는 사람이 하나님 앞에서 받는 화와 복을 의미한다.

31:3-4 불의한 자에게는 환난이 아니겠느냐? 행악자에게는 불행이 아니겠느냐? 그가 내 길을 살피지 아니하시느냐? 내 걸음을 다 세지

아니하시느냐?

31:5 만일 내가 허위와 함께 동행하고 내 발이 속임수에 빨랐다면,

☞ *허위와 함께 동행하고*

잘못 되고 거짓된 생활을 가리킨다.

31:6 하나님께서 나를 공평한 저울에 달아보시고 그가 나의 온전함을 아시기를 바라노라.

- **단 5:27** 데겔은 왕을 저울에 달아보니 부족함이 보였다 함이요.

31:7-8 만일 내 걸음이 길에서 떠났거나 내 마음이 내 눈을 따랐거나 내 손에 더러운 것이 묻었다면, 내가 심은 것을 타인이 먹으며 나의 소출이 뿌리째 뽑히기를 바라노라.

☞ *길에서 떠났거나*

하나님께서 지시하신 옳은 길에서 벗어나지 않았다.

☞ *내 마음이 내 눈을 따랐거나*

눈으로 본대로 마음이 욕심을 따라 행동하지 않았다.

- **전 11:9** 청년이여 네 어린 때를 즐거워하며 네 청년의 날들을 마음에 기뻐하여 마음에 원하는 길들과 네 눈이 보는 대로 행하라 그러나 하나님이 이 모든 일로 말미암아 너를 심판하실 줄 알라.

31:9-10 **만일 내 마음이 여인에게 유혹 되어 이웃의 문을 엿보아 문에서 숨어 기다렸다면, 내 아내가 타인의 맷돌을 돌리며 타인과 더불어 동침하기를 바라노라.**

☞ *내 아내가 타인의 맷돌을 돌리며*

내 아내가 타인의 집에서 곡식을 찧는 신세가 될 것이라는 의미. 곡식을 찧는 여자 노예는 집안 노예 가운데서도 가장 낮은 위치에 있었다.

• **출 11:5** 애굽 땅에 있는 모든 처음 난 것은 왕위에 앉아 있는 바로의 장자로부터 맷돌 뒤에 있는 몸종의 장자와 모든 가축의 처음 난 것까지 죽으리니,

31:11-12 **그것은 참으로 음란한 일이니 재판에 회부할 죄악이요, 멸망하도록 사르는 불이니 나의 모든 소출을 뿌리째 뽑기를 바라노라.**

• **레 20:10** 누구든지 남의 아내와 간음하는 자 곧 그의 이웃의 아내와 간음하는 자는 그 간부와 음부를 반드시 죽일지니라.

31:13 **만일 남종이나 여종이 나와 더불어 쟁론할 때에 내가 그의 권리를 저버렸다면,**

☞ *쟁론*

다투어 논쟁함.

31:14 **하나님이 일어나실 때에 내가 어떻게 하겠느냐? 하나님이 심판**

하실 때에 내가 무엇이라 대답하겠느냐?

☞ *심판*

사건을 심리하여 판결함.

• **시 17:3** 주께서 내 마음을 시험하시고 밤에 내게 오시어서 나를 감찰하셨으나 흠을 찾지 못하셨아오니 내가 결심하고 입으로 범죄하지 아니하리이다.

31:15 나를 태속에 만드신 이가 그도 만들지 아니하셨느냐? 우리를 뱃속에 지으신 이가 한 분이 아니시냐?

13, 14, 15절의 내용은 욥이 자신의 평등사상과 박애주의를 말하고 있으며 또 공평하신 하나님께서 나를 심판하실 때에 공평하게 하실 것임을 말하고 있다.

31:16-20 내가 언제 가난한 자의 소원을 막았거나 과부의 눈으로 하여금 실망하게 하였던가? 나만 혼자 내 떡덩이를 먹고 고아에게 그 조각을 먹이지 아니하였던가! 실상은 내가 젊었을 때부터 고아 기르기를 그의 아비처럼 하였으며, 내가 어렸을 때부터 과부를 인도하였노라. 만일 내가 사람이 의복이 없이 죽어가는 것이나 가난한 자가 덮을 것이 없는 것을 못 본체 했다면, 만일 나의 양털로 그의 몸을 따뜻하게 입혀서 그의 허리가 나를 위하여 복을 빌게 하지 아니하였다면,

• **신 24:13** 해 질 때에 그 전당물을 반드시 그에게 돌려줄 것이

라 그리하면 그가 그 옷을 입고 자며 너를 위하여 축복하리니 그 일이 네 하나님 여호와 앞에서 네 공의로움이 되리라.

31:21-23 만일 나를 도와주는 자가 성문에 있음을 보고 내가 주먹을 들어 고아를 향해 휘둘렀다면, 내 팔이 어깨뼈에서 떨어지고 내 팔 뼈가 그 자리에서 부스러지기를 바라노라. 나는 하나님의 재앙을 심히 두려워하고 그의 위엄으로 말미암아 그런 일을 할 수 없느니라.

내가 내 힘과 영향력을 믿고 불행한 자들을 착취한 적이 한 번이라도 있는가. 족장시대에 재판과 중요한 의사 결정은 성문 앞에서 행하여졌다. 따라서 욥의 족장적인 위치에서 권력으로 불행한 사람을 해치지 않았다는 말이다.

31:24-25 만일 내가 내 소망을 금에다 두고 순금에게 너는 내 의뢰하는 바라 하였다면, 만일 재물의 풍부함과 손으로 얻은 것이 많으므로 기뻐하였다면,

31:26-28 만일 해가 빛남과 달이 밝게 뜬 것을 보고, 내 마음이 슬며시 유혹되어 내 손에 입 맞추었다면, 그것도 재판에 회부할 죄악이니 내가 그리하였으면 위에 계신 하나님을 속이는 것이리라.

☞ *해의 빛남과 달이 밝게 뜬 것을 보고*

해의 찬란함에 경외감을 느끼고 달의 아름다움에 마음을 빼앗긴 나머지 남몰래 그것들을 숭배한 적이 있는가?

- **왕하 23:11** 또 유다 여러 왕이 태양을 위하여 드린 말들을 제

하여 버렸으니 이 말들은 여호와의 성전으로 들어가는 곳의 근처 내시 나단멜렉의 집 곁에 있던 것이며 또 태양 수레를 불사르고,

☞ *내 손에 입 맞추었던가*
태양을 숭배하는 우상 숭배의 형식을 묘사한 것이다.

31:29 내가 언제 나를 미워하는 자의 멸망을 기뻐하고 그가 재난을 당하므로 즐거워하였던가?

• **잠 17:5** 가난한 자를 조롱하는 자는 그를 지으신 주를 멸시하는 자요 사람의 재앙을 기뻐하는 자는 형벌을 면하지 못할 자니라.

31:30 실상은 나는 그가 죽기를 구하는 말로 그의 생명을 저주하여 내 입이 범죄하게 하지 아니하였노라.

• **마 5:44** 나는 너희에게 이르노니 너희 원수를 사랑하며 너희를 박해하는 자를 위하여 기도하라.

31:31 내 장막 사람들은 주인의 고기에 배부르지 않는 자가 어디 있느뇨 하지 아니하였는가?

☞ *내 장막 사람들*
같이 거주하는 사람들.

31:32 **실상은 나그네가 거리에서 자지 아니하도록 나는 행인에게 내 문을 열어 주었노라.**

☞ *나그네가 거리에서 자지 아니하도록*

아브라함처럼 나그네를 초청하여 후하게 대접했다는 말.

- **히 13:2** 손님 대접하기를 잊지 말라 이로써 부지중에 천사들을 대접한 이들이 있었느니라.

31:33-34 **내가 언제 다른 사람처럼 내 악행을 숨긴 일이 있거나 나의 죄악을 나의 품에 감추었으며, 내가 언제 큰 무리와 여러 종족의 수모가 두려워서 대문 밖으로 나가지 못하고 잠잠하였던가?**

내가 사람들의 입이 무서워서 또는 이웃의 험담이 두려워 죄를 감추고 은둔을 선택했던가. 아담처럼 죄를 숨기고 잘못을 덮으려고 문을 닫아걸었던가. 자네들도 잘 알다시피 나는 그러지 않았네.

31:35 **누구든지 나의 변명을 들어다오. 나의 서명이 여기 있으니 전능자가 내게 대답하시기를 바라노라. 나를 고발하는 자가 있다면 그에게 고소장을 쓰게 하라.**

☞ *변명*

사실을 분별하여 똑똑히 밝힘.

☞ *서명*

자기의 이름을 써 넣음.

31:36 내가 그것을 어깨에 메기도 하고 왕관처럼 머리에 쓰기도 하리라.

35절에서 나를 고발하는 자가 있다면 그에게 고소장을 쓰게 하라. 나(욥)는 무죄하기 때문에 그것을 어깨에 메기도 하고 왕관처럼 머리에 떳떳하게 쓰기도 하겠다.

31:37 내 걸음의 수효를 그에게 알리고 왕족처럼 그를 가까이 하였으리라.

☞ *걸음의 수효*

삶의 모든 행위 즉 인생행로의 발자취.

31:38-40 만일 내 밭이 나를 향하여 부르짖고 밭이랑이 함께 울었다면, 만일 내가 값을 내지 않고 그 소출을 먹고 그 소유주가 생명을 잃게 하였다면, 밀 대신에 가시나무가 나고 보리 대신에 독보리가 나는 것이 마땅하니라 하고 욥의 말이 그치니라.

심층탐구
29-31장

29장과 30장은 욥의 기존 삶의 처절하게 부수어진 울타리(가족, 재산, 건강, 사회적 지위 등)와 관련된 슬픈 독백이다. 31장은 그 울타리의 경계를 확장하는 소망의 마지막 탄원이다.

기존의 안정된 질서의 세계는(29장 참조) 현재의 고통 속에 와해되어 버렸다(30장 참조). 그러나 욥은 비극적 삶의 현실에 쓰러지지 않고 용기어린 날개 짓으로 새로운 하나님의 세계로 날아오른다(31장 참조). 욥기 31장은 구약성서의 세계에서 상상할 수 없었던 새로운 신앙윤리의 보고이다. 예수 그리스도의 산상수훈에서 말씀하신 마음으로 지은 죄 또한 죄목이 되는 율법의 기틀이 되었다(31:1 참조). 원수까지도 사랑하라는 예수님의 말씀이 관찰된다(31:29 참조). 뿐만 아니라 약자보호법의 근거가 되는 윤리가 설명된다(31:15 참조). 어째서 욥은 가장 비극적이고 어두운 삶의 바닥에서 놀라운 새로운 윤리를 선포한다.

진주조개가 모진 파도 물결과 싸우며 아픔을 이겨내어 영롱한 진주를 만들어 내는 것과 같이 욥은 모든 것이 허물어져 내린 이후에 자포자기가 아니라 끝까지 붙들고 있었던 "하나님을 바라봄이" 그에게 더 넓은 세계로 인도한다.

욥기 31장은 하나님의 폭풍우 속의 말씀이 있기 전에 즉, 하나님의 구원 경험을 하기 전인 상태인데도 불구하고 욥은 이미 기존의 세계를 뛰어넘는 새로운 지평의 윤리세계를 노래하고 있다. 폭풍우 속의 하나님의 음성은 마침내 그의 항변을 정당한 것으로 받아주셨고 그의 새로운 윤리정신을 완성시켜 주신다.

욥의 마지막 탄원과 항변이 담겨있는 본문에서 그려진 하나님의 모습은 물러나 계시면서도 어느 순간 폭군으로 다가와 계신 전능자이다. 과거에 함께 하시던 그때에는(29:3,5,7 참조) 건강과 물질적 풍성함과 존귀와 위엄이 충만한 삶을 욥이 살 수 있었다. 그러나 하나님이 물러난 것 같은 순간부터(29:5 참조) 욥은 모든 것을 상실하게 되고 비천한 자들의 조롱거리가 되었다. 하나님이 숨으심이 고통의 원인이다. 현재 고통의 한 가운데에서 신음하고 있는 욥에게는 여전히 하나님 경험은 아픔이요 잔인함이다. 그러나 그 고통의 끝이 이제 다가오고 있다. 그리고 마침내 모든 것이 밝혀 질 때에 욥은 하나님의 섭리를 비로소 깨닫게 될 것이다. 그때까지 하나님께서는 안타까운 침묵을 지키실 수밖에 없다.

하늘 아래에서 욥이 고통 한다. 그러나 하늘 위에서는 하나님께서 고통 하신다. 한 사명자를 온전히 훈련시키기 위한 하나님의 인내하심을 느낄 수 있다.

우리 신앙인의 실체는 믿음의 세계를 바라보면서 여전히 물질적 욕망의 세계를 살아가고 있는 현실이다.

따라서 믿음과 영성만을 치중하여 살아갈 수도 없으며 물질과 현실만을 추구하며 살아갈 수도 없다. 어떻게 두 이질적인 삶 가운데 균형을 이루며 살 수 있을까?

욥기 1~2장의 완벽한 삶의 욥은 현실적 번영과 축복의 삶을 누리고는 있었지만 그의 영적인 신앙의 세계는 다분히 율법적적이었다(1:5 참조). 호된 고통의 시간들과 원망스런 친구들과의 대화를 거친 후 욥은 자신의 번영과 존경의 시기를 회고한 후(29장 참조) 이윽고 현실의 자신의 삶을 저주하고 한탄한다(30장 참조). 형식적 신앙 위에서 현실적 삶이 영적인 삶으로 승화되기는 이렇듯 쉽지 않다.

그런데 31장에 이르러 우리는 새로운 세계로 욥이 들어가는 것을 목격한다. 기존의 형식에 불과한 선행과 종교행위가 아니라 진정한 정신이 담겨있는 새로운 종교 윤리의 삶이 펼쳐지기 시작한다. 모든 삶의 영역에서 욥은 관습적 신앙을 뛰어넘어 하나님과의 관계적 신앙의 세계에 서게 되었다. 그것은 바로 “내 길을 살피시는 하나님”(31:4 참조) 그리고 “심판하시는 하나님”(31:14 참조)을 경험하며 그 앞에 서는 것이다. 동시에 나 자신은 모든 울타리가 허물어 내리듯 나의 자아가 철저하게 부인되는 경험이 필요하다. 자기를 부인하고 그 분의 임재 앞에 경외와 순종으로 나아갈 때 자기중심적 삶으로부터 영적인 삶으로 변화하며 도약하는 계기가 된다.

제11단원
32-37장

32장. 욥과 세 친구에 대한 엘리후의 격노

32:1-2 욥이 자신을 의인으로 여기므로 그 세 사람이 말을 그치니, 람 종족 부스 사람 바라겔의 아들 엘리후가 화를 내니 그가 욥에게 화를 냄은 욥이 하나님보다 자기가 의롭다 함이요,

☞ *부스 사람*

창세기 22장 21절에 나오는 우스의 형제. 아라비아 씨족의 하나

☞ *엘리후*

구약성서에서 엘리후라는 이름은 실상 다윗시대에 흔한 이름이었다. 32-37장이 후세에 써져서 욥기에 첨가되었다

고 성경학자들이 말하는 이유 중에 하나이다.

☞ *엘리후가 욥에게 화를 냄은*

엘리후가 욥과 그의 세 친구에게 화를 낸 이유는 욥이 스스로 하나님 앞에서 의롭다고 말함으로써 자신에게 고난을 주신 하나님을 마치 불의하신 분인 것처럼 말했다는 것이다.

32:3 또 세 친구에게 화를 냄은 그들이 능히 대답하지 못하면서도 욥을 정죄함이라.

☞ *또 세 친구에게 화를 냄은*

엘리후가 화를 낸 이유는 욥이 자기 정당화를 변론할 뿐만 아니라(32:2 참조) 욥이 하나님을 고발하는 것을 친구들이 막지 못했기 때문이고 그 세 친구가 합당한 증거도 없이 욥을 정죄했기 때문이다. 엘리후가 자신이 나서지 않을 수 없었던 상황을 상정하고 있다.

사실상 32장 3절에서 "욥을 정죄함이라"의 본래 히브리어 본문에서는 욥이 아니라 "하나님"을 정죄하고 있는 것으로 기록되어 있다. 이것은 신성 모독의 발언이기 때문에 후대 서기관들은 의도적으로 본문을 하나님에게서 욥으로 수정해 놓았다.

의도적 수정 이전의 본문은 욥을 효과적으로 공박하지 못한다면 하나님께서 "유죄"로 지목될 위기에 처해진 상황이다. 결국 엘리후 등장의 근본적 입장을 하나님을 변호하기 위함이다. 여기에 엘리후 등장의 위험 요소가 도사리고 있다. 누가 감히 하나님의 변호자가 될 수 있을까?
하나님께서 직접 나타나 말씀하실 것이기 때문이다.

32:4-5 엘리후는 그들의 나이가 자기보다 여러 해 위이므로 욥에게 말하기를 참고 있다가, 세 사람의 입에 대답이 없음을 보고 화를 내니라.

32:6-8 부스 사람 바라겔의 아들 엘리후가 대답하여 이르되 나는 연소하고 당신들은 연로하므로 뒷전에서 나의 의견을 감히 내놓지 못하였노라. 내가 말하기를 나이가 많은 자가 말할 것이요 연륜이 많은 자가 지혜를 가르칠 것이라 하였노라. 그러나 사람의 속에는 영이 있고 전능자의 숨결이 사람에게 깨달음을 주시나니,

- **사 11:2** 그의 위에 여호와의 영 곧 지혜와 총명의 영이요 모략과 재능의 영이요 지식과 여호와를 경외하는 영이 강림하시리니

연소한 엘리후가 자신보다 나이가 지긋한 어르신들 앞에서 행하는 발언의 정당성을 주장하고 있다. 즉 "지혜는 나이 많고 연륜이 쌓인 사람에게보다는 사람 안의 영, 곧 전능하신 분의 입김으로부터"라는 것이다.

32:9-10 어른이라고 지혜롭거나 노인이라고 정의를 깨닫는 것이 아니니라. 그러므로 내가 말하노니 내 말을 들으라. 나도 내 의견을 말

하리라.

☞ *어른, 노인*

세상의 지혜는 인생을 오래 사는 동안 경험으로 얻을 수 있으나 하나님의 지혜는 오직 성령을 통해서만 얻을 수 있음을 보여 준다.

• **렘 9:23** 여호와께서 이와 같이 말씀하시되 지혜로운 자는 그의 지혜를 자랑하지 말라 용사는 그의 용맹을 자랑하지 말라 부자는 그의 부함을 자랑하지 말라

32:11-12 보라 나는 당신들의 말을 기다렸노라. 당신들의 슬기와 당신들의 말에 귀 기울이고 있었노라. 내가 자세히 들은즉 당신들 가운데 욥을 꺾어 그의 말에 대답하는 자가 없도다.

32:13 당신들이 말하기를 우리가 진상을 파악했으나 그를 추궁할 자는 하나님이시요 사람이 아니라 하지 말지니라.

☞ *사람이 아니라 하지 말지니라*

욥의 세 친구들은 변론으로 욥을 꺾는데 실패하고 말았지만 엘리후 자신은 욥의 주장을 진리로 꺾을 수 있음을 자신만만하게 표명한 것이다.

32:14 그가 내게 자기 이론을 제기하지 아니하였으니 나도 당신들의 이론으로 그에게 대답하지 아니하리라.

32:15-17 그들이 놀라서 다시 대답하지 못하니 할 말이 없음이더라. 당신들이 말없이 가만히 서서 다시 대답하지 아니한즉 내가 어찌 더 기다리랴. 나는 내 본분대로 대답하고 나도 내 의견을 보이리라.

32:18 내 속에는 말이 가득하니 내 영이 나를 압박함이니라.

☞ *내 영이*

여기서 영은 하나님의 영이 아닌 엘리후 자신의 영, 내적 심리 상태를 가리킨다.

• **요 7:38** 나를 믿는 자는 성경에 이름과 같이 그 배에서 생수의 강이 흘러나오리라 하시니,

32:19 보라 내 배는 봉한 포도주통 같고 터지게 된 새 가죽 부대 같구나!

☞ *봉한 포도주통*

술을 발효가 되기 전에 가죽 부대에 넣을 때에 그 안에 가스가 있어서 가죽 부대는 부풀어 오른다. 결국 가스는 구멍을 찾지 못해 흔히 파열되어 버리고 만다.

32:20-22 내가 말을 하여야 시원할 것이라. 내 입을 열어 대답하리라. 나는 결코 사람의 낯을 보지 아니하며 사람에게 영광을 돌리지 아니하리니, 이는 아첨할 줄을 알지 못함이라. 만일 그리하면 나를 지으신 이가 속히 나를 데려가시리라.

편견을 가지고 사람을 즐겁게 하는 말을 하지 않겠다는 뜻이다.

33장. 엘리후가 욥의 죄를 책망함

33:1-6 그런즉 욥이여 내 말을 들으며 내 모든 말에 귀를 기울이기를 원하노라. 내가 입을 여니 내 혀가 입에서 말하는구나! 내 마음의 정직함이 곧 내 말이며 내 입술이 아는 바가 진실을 말하느니라. 하나님의 영이 나를 지으셨고 전능자의 기운이 나를 살리시느니라. 그대가 할 수 있거든 일어서서 내게 대답하고 내 앞에 진술하라. 나와 그대가 하나님 앞에서 동일하니 나도 흙으로 지으심을 입어은즉,

33:7 내 위엄으로는 그대를 두렵게 하지 못하고 내 손으로는 그대를 누르지 못하느니라.

☞ *내 위엄으로는 그대를 두렵게 하지 못하고*

엘리후는 처음부터 자신의 지혜로 욥을 설득시키려는 태도를 버리고 하나님 앞에서 욥 스스로 자신을 살피게끔 유도하고 있다.

33:8-11 그대는 실로 내가 듣는데서 말하였고 나는 그대의 말소리를

들었느니라. 이르기를 나는 깨끗하여 악인이 아니며 순전하고 불의도 없거늘, 참으로 하나님이 나에게서 잘못을 찾으시며 나를 자기의 원수로 여기사, 내 발을 차꼬에 채우시고 나의 모든 길을 감시하신다 하였느니라.

33:12 내가 그대에게 대답하리라. 이 말에 그대가 의롭지 못하니 하나님은 사람보다 크심이니라.

☞ *그대가 의롭지 못하니*

사람들 앞에서 자신이 상대적으로 의로움을 주장하는 것은 문제가 되지 않으나, 절대 완전하신 하나님 앞에서 자기 의를 내세우는 것은 잘못임을 지적한다.

33:13 하나님께서 사람의 말에 대답하지 않으신다 하여 어찌 하나님과 논쟁하겠느냐?

☞ *논쟁하겠느냐*

대들면서 불평하겠느냐.

33:14 하나님은 한 번 말씀하시고 다시 말씀하시되 사람은 관심이 없도다.

33:15-18 사람이 침상에서 졸며 깊이 잠들 때에나 꿈에나 밤에 환상을 볼 때에, 그가 사람의 귀를 여시고 경고로써 두렵게 하시니, 이는 사람에게 그의 행실을 버리게 하려 하심이며 사람의 교만을 막으려 하심이라. 그는 사람의 혼을 구덩이에 빠지지 않게 하시며 그 생명을

칼에 맞아 멸망하지 않게 하시느니라.

꿈이나 환상은 하나님이 사람들에게 그의 뜻을 전달하는 방식이며 하나님은 인간의 영혼이 죄 구덩이에 빠지지 않게 하시고 교만과 멸망을 막아주시는 분이시다.

33:19 혹은 사람이 병상의 고통과 뼈가 늘 쑤심의 징계를 받나니,

☞ *징계*

사랑의 매로 강한 자를 치명적인 질병으로 고통을 받게 하여 깨닫게 하시는 것이다.

33:20-22 그의 생명은 음식을 싫어하고 그의 마음은 별미를 싫어하며, 그의 살은 파리하여 보이지 아니하고 보이지 않던 뼈가 드러나서, 그의 마음은 구덩이에, 그의 생명은 멸하는 자에게 가까워지느니라.

☞ *그의 마음은 구덩이에 그의 생명은 멸하는 자에게*

죽음의 세계를 가리킨다.

- **시 9:15** 이방 나라들은 자기가 판 웅덩이에 빠짐이여 자기가 숨긴 그물에 자기 발이 걸렸도다.

33:23 만일 일천 천사 가운데 하나가 그 사람의 중보자로 함께 있어서 그의 정당함을 보일진대,

☞ *일천 천사 가운데 하나*

영적 존재인 천사를 가리키는 말이 아니라 하나님과 인간 사이를 중재하는 메시야의 의미가 있다

☞ *중보자*

중재자, 조정자 란 의미하며 이도 역시 메시아의 성격을 갖는다.

☞ *그의 정당함을 보일진대*

이 말은 그로 하여금 회개케 함을 말한다.

• **말 3:1-2** 만군의 여호와가 이르노라 보라 내가 내 사자를 보내리니 그가 내 앞에서 길을 준비할 것이요 또 너희가 구하는 바 주가 갑자기 그의 성전에 임하시리니 곧 너희가 사모하는 바 언약의 사자가 임하실 것이라. 그의 임하는 날을 누가 능히 당하며 그가 나타나는 때에 누가 능히 서리요 그는 금을 연단하는 자의 불과 표백하는 자의 잿물과 같을 것이라.

33:24-25 하나님이 그 사람을 불쌍히 여기사 그를 건져서 구덩이에 내려가지 않게 하라. 내가 대속물을 얻었다 하시리라. 그런즉 그의 살이 청년보다 부드러워지며 젊음을 회복하리라.

☞ *대속물*

죄를 덮어 없는 것처럼 간주하는 구속의 값으로 드려지는 예물.

☞ *청년보다 부드러우며 젊음을*

욥이 고난 받기 이전의 상태를 비유적으로 한 말.

• **출 21:30** 만일 그에게 속죄금을 부과하면 무릇 그 명령한 것을 생명의 대가로 낼 것이요.

33:26 그는 하나님께 기도하므로 하나님이 은혜를 베푸사 그로 말미암아 기뻐 외치며 하나님의 얼굴을 보게 하시고 사람에게 그의 공의를 회복시키시느니라.

하나님이 욥을 고난 받기 이전의 상태로 회복시키신다는 뜻이다.

33:27 그가 사람 앞에서 노래하여 이르기를 내가 범죄하여 옳은 것을 그르쳤으나 내게 무익하였구나!

33:28 하나님이 내 영혼을 건지사 구덩이에 내려가지 않게 하셨으니 내 생명이 빛을 보겠구나 하리라.

33:29-30 실로 하나님이 사람에게 이 모든 일을 재삼 행하심은, 그들의 영혼을 구덩이에서 이끌어 생명의 빛을 그들에게 비추려 하심이니라.

욥의 고난이 죄의 대가가 아니라 신앙의 연단과 훈련이므로 건져주실 것이라는 의미이다.

• **시 56:13** 주께서 내 생명을 사망에서 건지셨음이라. 주께서 나로 하나님 앞, 생명의 빛에 다니게 하시려고 실족하지 아니하게 하지 아니하셨나이까?

33:31-33 욥이여 내 말을 귀담아 들으라. 잠잠하라. 내가 말하리라. 만일 할 말이 있거든 대답하라. 내가 기쁜 마음으로 그대를 의롭다

하리니 그대는 말하라. 만일 없으면 내 말을 들으라. 잠잠하라. 내가 지혜로 그대를 가르치리라.

34장. 엘리후의 두 번째 권면

34:1-4 엘리후가 말하여 이르되 지혜 있는 자들아 내 말을 들으며 지식 있는 자들아 내게 귀를 기울이라. 입이 음식물의 맛을 분별함 같이 귀가 말을 분별하나니, 우리가 정의를 가려내고 무엇이 선한가 우리끼리 알아보자.

34:5 욥이 말하기를 내가 의로우나 하나님이 내 의를 부인하셨고,

☞ *내가 의로우나*

여기서 의는 하나님의 완전한 의와는 구별되는 인간의 불완전한 의로써 NIV와 RSV는 내가 결백하다(I am innocent)로 번역했으니 이것은 욥이 자신이 받는 고난에 대해서 무죄라는 뜻이다.

☞ *하나님이 내 의를 부인하셨고*

욥의 이와 같은 말은 장벽없이 하나님과 접촉하는 신앙양식의 담력이고 원망이 아니다.

그는 고난의 원인을 하나님과 결부시켰으니 그것 역시 그

의 신앙이다. 다만 그에게 의문이 되었던 것은 왜 하나님께서 그런 고난을 자기에게 허락하셨을까 하는 것인데, 그것은 원망이라기보다는 하나님 앞에서 아무 장벽 없이 부르짖는 애소라고 할 수 있다.

34:6 내가 정당함에도 거짓말쟁이라 하였고 나는 허물이 없으나 화살로 상처를 입었노라 하니,

☞ *화살로 상처를 입었노라*

하나님의 시험의 화살로 욥이 당하는 재앙을 가리킨다.

34:7-9 어떤 사람이 욥과 같으랴. 욥이 비방하기를 물마시듯 하며, 악한 일을 하는 자들과 한패가 되어 악인과 함께 다니면서, 이르기를 사람이 하나님을 기뻐하나 무익하다 하는구나!

34:10-11 그러므로 너희 총명한 자들아 내 말을 들으라. 하나님은 악을 행하지 아니하시며 전능자는 결코 불의를 행하지 아니하시고, 사람의 행위를 따라 갚으사 각각 그의 행위대로 받게 하시나니,

- **롬 2:6** 하나님께서 각 사람에게 그 행한 대로 보응하시되

34:12-13 진실로 하나님은 악을 행하지 아니하시며 전능자는 공의를 굽히지 아니하시느니라. 누가 땅을 그에게 맡겼느냐, 누가 온 세상을 그에게 맡겼느냐?

34:14-15 그가 만일 뜻을 정하시고 그의 영과 목숨을 거두실진대, 모든 육체가 다 함께 죽으며 사람은 흙으로 돌아가리라.

☞ *그의 영과 목숨*

하나님의 영과 호흡을 말한다. 이것은 생명의 근원이다.

- **창 2:7** 여호와 하나님이 땅의 흙으로 사람을 지으시고 생기를 그 코에 불어넣으시니 사람이 생령이 되니라.

34:16-17 만일 네가 총명이 있거든 이것을 들으며 내 말소리에 귀를 기울이라. 정의를 미워하시는 이시라면 어찌 그대를 다스리시겠느냐? 의롭고 전능하신 이를 그대가 정죄하겠느냐?

☞ *정의*

성경에서 대부분 '의'로 번역되고 욥기에서(36:17 참조) 심판을 뜻한다. 원래는 단순히 정직함을 뜻했으나 족장시대에는 사회의 계약관계 속에서 공정한 거래와 관련하여 사용되었다, 그리고 모세 율법 이후에는 하나님과의 관계 속에서 인간 행위의 도덕적 기준으로 사용되었다. 따라서 하나님의 심판은 이를 기준으로 수행 된다. 한편 정의는 불의한 행위에 대한 심판과 아울러 스스로 정의를 행할 수 없는 나약한 인간에 대한 하나님의 긍휼과 사랑의 일면을 표현하고 있다. 이런 정의의 양면 중 후자는 죄인을 위해 이 땅에 오신 그리스도의 생육신 사건과 연결된다.

- **롬 3:26** 곧 이때에 자기의 의로우심을 나타내사 자기도 의로

우시며 또한 예수 믿는 자를 의롭다 하려 하심이니라.

• **창 18:25** 주께서 이같이 하사 의인을 악인과 함께 죽이심은 부당하오며 의인과 악인을 같이 하심도 부당하니이다. 세상을 심판하시는 이가 정의를 행하실 것이 아니니이까.

34:18-19 그는 왕에게라도 무용지물이라 하시며 지도자들에게라도 악하다 하시며, 고관을 외모로 대하지 아니하시며 가난한 자들 앞에서 부자의 낯을 세워주지 아니하시나니 이는 그들이 다 그의 손으로 지으신 바가 됨이라.

☞ *무용지물*

쓸모없다(useless)

34:20 그들은 한밤중에 순식간에 죽나니 백성은 떨며 사라지고 세력 있는 자도 사람의 손을 빌리지 않고 제거함을 당하느니라.

☞ *사람의 손을 빌리지 않고*

인간의 능력으로는 감지할 수 없는 힘에 의해 망한다는 뜻이다.

• **단 8:25** 그가 꾀를 베풀어 제 손으로 속임수를 행하고 마음에 스스로 큰 체하며 또 평화로운 때에 많은 무리를 멸하며 또 스스로 서서 만왕의 왕을 대적할 것이나 그가 사람의 손으로 말미암지 아니하고 깨지리라.

34:21-22 그는 사람의 길을 주목하시며 사람의 모든 걸음을 감찰

하시나니, 행악자는 숨을 만한 흑암이나 사망의 그늘이 없느니라.

34:23 하나님은 사람을 심판하시기에 오래 생각하실 것이 없으시니,

☞ *오래 생각하실 것이 없으시니*

하나님이 악인을 즉시 심판하지 않으시는 것은 그들의 죄를 살피는 데 오랜 시간이 걸리기 때문이 아니라 하나님의 깊은 섭리, 즉 사람이 이해할 수 없는 오묘한 섭리 때문임을 암시하고 있다.

34:24-25 세력 있는 자를 조사할 것 없이 꺾으시고 다른 사람을 세워 그를 대신하게 하시느니라. 그러므로 그는 그들의 행위를 아시고 그들을 밤 사이에 뒤집어엎어 흩으시는도다.

☞ *밤 사이에*

예상하지 않은 사이에, 그들에게 있어서는 전혀 준비가 없는 사이를 말한다.

34:26-27 그들을 악한 자로 여겨 사람의 눈앞에서 치심은, 그들이 그를 떠나고 그의 모든 길을 깨달아 알지 못함이라.

- **시 28:5** 그들은 여호와께서 행하신 일과 손으로 지으신 것을 생각하지 아니하므로 여호와께서 그들을 파괴하고 건설하지 아니하시리로다.

34:28 그들이 이와 같이 하여 가난한 자의 부르짖음이 그에게 상달

하게 하며 빈궁한 사람의 부르짖음이 그에게 들리게 하느니라.

☞ *가난한 자의 부르짖음*

가난한 자와 고난 받는 자의 부르짖음을 하나님이 들으신다.

- **약 5:4** 보라 너희 밭에서 추수한 품꾼에게 주지 아니한 삯이 소리 지르며 그 추수한 자의 우는 소리가 만군의 주의 귀에 들렸느니라.

34:29 주께서 침묵하신다고 누가 그를 정죄하며 그가 얼굴을 가리신다면 누가 그를 뵈올 수 있으랴 그는 민족에게나 인류에게나 동일하시니,

- **시 94:13** 이런 사람에게는 환난의 날에 벗어나게 하사 악인을 위하여 구덩이를 팔 때까지 평안을 주시리이다.

34:30 이는 경건하지 못한 자가 권세를 잡아 백성을 옭아매지 못하게 하려 하심이니라.

☞ *경건하지 못한 자*

불경건스러운 자 또는 하나님을 믿지 않는 자.

34:31-32 그대가 하나님께 아뢰기를 내가 죄를 지었사오니 다시는 범죄하지 아니하겠나이다. 내가 깨닫지 못하는 것을 내게 가르치소서. 내가 악을 행하였으나 다시는 아니하겠나이다 하였는가?

34:33 **하나님께서 그대가 거절한다고 하여 그대의 뜻대로 속전을 치르시겠느냐? 그러면 그대가 스스로 택할 것이요 내가 할 것이 아니니 그대는 아는 대로 말하라.**

엘리후가 욥의 잘못을 지적한 말이다.

욥은 하나님이 자기의 뜻에 맞도록 행하여 주시기만을 원하므로 하나님이 주신 징계를 싫어한다는 뜻이다. 이 점에 있어서 엘리후는 욥을 오해한다. 욥은 자기가 당한 고난이 자기의 어떤 범죄 때문에 받는 징계라고 생각하지 않는다. 그러므로 고난의 이유를 알지 못하여 정신적 고통을 받고 있는 것이다. 그러면서도 그는 계속 하나님을 신뢰하며 그에게 문제 해결을 받고자 한다. 엘리후는 욥에게 옳지 않은 소원대로 작정하려면 그대로 하라고 말한다.

그리고 자기는 그와 같은 생각을 취하지 않겠노라고 단언한다.

34:34-35 **슬기로운 자와 내 말을 듣는 지혜 있는 사람은 반드시 내게 말하기를, 욥이 무식하게 말하니 그의 말이 지혜롭지 못하도다 하리라.**

☞ *욥이 무식하게 말하니*

지식 없음은 회개가 없음이라는 뜻이다.

34:36-37 **나는 욥이 끝까지 시험 받기를 원하노니 이는 그 대답이 악인과 같음이라. 그가 그의 죄에 반역을 더하며 우리와 어울려 손뼉을 치며 하나님을 거역하는 말을 많이 하는구나!**

☞ *손뼉을 치며 하나님을 거역하는 말을 많이 하는구나*

엘리후의 이와 같은 말은 욥의 태도를 오해한 것이다. 욥은 그런 경박한 사람이 아니었다. 그는 자기가 당한 고난의 문제를 깨닫지 못하므로 번민하였고 또한 친구들의 말에 수긍할 수 없었던 것이다. 이 점에 있어서 욥은 도리어 자기 문제를 절실하게 다루었다.

35장. 엘리후가 욥의 무지를 책망함

35:1-2 엘리후가 말을 이어 이르되, 그대는 이것을 합당하게 여기느냐? 그대는 그대의 의가 하나님께로부터 왔다는 말이냐?

35:3-4 그대는 그것이 내게 무슨 소용이 있으며 범죄하지 않는 것이 내게 무슨 유익이 있겠느냐고 묻지마는, 내가 그대와 및 그대와 함께 있는 그대의 친구들에게 대답하리라.

☞ *범죄하지 않은 것이 내게 무슨 유익이 있겠느냐고 묻지마는* 이것은 욥의 말을 오해한 엘리후의 표현이다. 욥은 사실상 경건이 무익하다는 주장을 내세우지 않았다. 그의 탄식은 다만 그가 현재 당하고 있는 고난이 자기의 어떤 특별한 범죄사건 때문이 아니라는 것뿐이다. 그럼에도 불구하고 욥의 말을 오해한 엘리후는 하나님을 공경한 것이 전반적으로 무익한 일이라고 주장한 듯이 판정을 내렸다.

35:5-8 그대는 하늘을 우러러보라. 그대보다 높이 뜬 구름을 바라보라. 그대가 범죄한들 하나님께 무슨 영향이 있겠으며 그대의 악행이 가득한들 하나님께 무슨 상관이 있겠으며, 그대가 의로운들 하나님께 무엇을 드리겠으며 그가 그대의 손에서 무엇을 받으시겠느냐? 그대의 악은 그대와 같은 사람에게나 있는 것이요 그대의 공의는 어떤 인생에게도 있느니라.

35:9-11 사람은 학대가 많으므로 부르짖으며 군주들의 힘에 눌려 소리치나, 나를 지으신 하나님은 어디 계시냐고 하며 밤에 노래를 주시는 자가 어디 계시냐고 말하는 자가 없구나! 땅의 짐승들보다 도 우리를 더욱 가르치시고 하늘의 새들보다도 우리를 더욱 지혜롭게 하시는 이가 어디 계시냐고 말하는 이도 없구나!

35:12 그들이 악인의 교만으로 말미암아 거기에서 부르짖으나 대답하는 자가 없음은,

☞ *대답하는 자가 없음은*

여기서 엘리후는 하나님께 기도하여도 응답하시지 않는다고 하는 욥의 탄식에 대해 그것은 욥 자신의 교만함 때문이라고 지적한다.

35:13 헛된 것은 하나님이 결코 듣지 아니하시며 전능자가 돌아보지 아니하심이라.

☞ *헛된 것은 결코 하나님이 듣지 아니하시며*

신앙과 경건과 겸손이 결여된 상태. 즉 죄로 말미암은 헛된 기도는 용납되지 않는다. 반면에 의인의 간구는 역사하는 힘이 크다.

• **약 5:15** 믿음의 기도는 병든 자를 구원하리니 주께서 그를 일으키시리라 혹시 죄를 범하였을지라도 사하심을 받으리라.

35:14 **하물며 말하기를 하나님은 뵈올 수 없고 일의 판단하심은 그 앞에 있으니 나는 그를 기다릴 뿐이라 말하는 그대일까보냐.**

욥은 절대로 하나님의 음성을 들을 수 없음을 선포하는 대목이다. 왜냐하면 하나님께서는 인간의 헛된 말을 결코 듣지도 돌아보지도 않으시기 때문이다. (13절) 그러나 흥미로운 것은 하나님께서 끝내는 응답하셨다는 사실이다.(38장 이하) 엘리후의 기대와는 달리 욥이 하나님의 음성을 듣게 된 것이다. 욥의 항변은 하나님 앞에 헛된 것이 아니었음을 의미한다.

엘리후가 욥의 불의함을 공격하고 자신의 발언으로 말미암아 오히려 욥의 정당성을 반증해 주는 결과가 된다.

☞ *기다릴 뿐이라 말하는 그대일까보냐*

이는 욥이 자신의 무고한 고통에 대해 하나님이 반드시 자기의 결백을 밝히실 때까지 기다리겠다고 말한 것은 결국 하나님을 전적으로 신뢰하지 못하는 데서 비롯된 불신의 태도임을 엘리후가 지적한 것이나 이는 엘리후가 욥의 고난의 고통의 원인을 몰라서 한 말이다.

35:15-16 **그러나 지금은 그가 진노하심으로 벌을 주지 아니하셨고 악행을 끝까지 살피지 아니하셨으므로, 욥이 헛되이 입을 열어 지식 없는 말을 많이 하는구나!**

- **민 16:29** 곧 이 사람들의 죽음이 모든 사람과 같고 그들이

당하는 벌이 모든 사람이 당하는 벌과 같으면 여호와께서 나를 보내심이 아니거니와,

36장. 엘리후가 찬송 받으실 하나님을 증언함

36:1-2 엘리야가 말을 이어 이르되, 나를 잠깐 용납하라. 내가 그대에게 보이리니 이는 내가 하나님을 위하여 아직도 할 말이 있음이라.

36:3 내가 먼 데서 지식을 얻고 나를 지으신 이에게 의를 돌려보내리라.

I get my knowlede from a far: I will ascribe justice to my Maker.

엘리후 자신이 힘들게 지식을 소유한 것은 하나님 즉 나의 창조자를 공의롭게 하기 위한 것임을 주장한다. 그러나 그는 동료 인간인 이웃 특히 욥을 이해하고 정당화시키는 모습은 없다. 하나님 사랑은 이웃사랑으로부터 시작되어야 함을 엘리후는 간과한다.

36:4-5 진실로 내 말은 거짓이 아니라. 온전한 지식을 가진 이가 그대와 함께 있느니라. 하나님은 능하시나 아무도 멸시하지 아니하시며 그의 지혜가 무궁하사,

36:6 악인을 살려두지 아니하시며 고난 받는 자에게 공의를 베푸시며,

- **애 3:59** 여호와여 나의 억울함을 보셨사오니 나를 위하여 원통함을 풀어주옵소서.

36:7 그의 눈은 의인에게서 떼지 아니하시고 그를 왕들과 함께 왕좌에 앉히사 영원토록 존귀하게 하시며,

- **시 33:18-19** 여호와는 그를 경외하는 자 곧 그의 인자하심을 바라는 자를 살피사, 그들의 영혼을 사망에서 건지시며 그들이 굶주릴 때에 그들을 살리시는도다.

36:8-10 혹시 그들이 족쇄에 매이거나 환난의 줄에 얽혔으면, 그들의 소행과 악행과 자신들의 교만한 행위를 알게 하시고, 그들의 귀를 열어 교훈을 듣게 하시며 명하여 죄악에서 돌이키게 하시나니,

☞ *족쇄에 매이거나*

쇠고랑에 묶이다.

36:11-13 만일 그들이 순종하여 섬기면 형통한 날을 보내며 즐거운 해를 지낼 것이요, 만일 그들이 순종하지 아니하면 칼에 망하여 지식 없이 죽을 것이니라. 마음이 경건하지 아니한 자들은 분노를 쌓으며 하나님이 속박할지라도 도움을 구하지 아니하나니,

36:14 그들의 몸은 젊어서 죽으며 그들의 생명은 남창과 함께 있도다.

☞ *남창*

남색을 파는 것을 업으로 하는 남자.

• **시 55:23** 하나님이여 주께서 그들로 파멸의 웅덩이에 빠지게 하시리이다. 피를 흘리게 하며 속이는 자들은 그들의 날의 반도 살지 못할 것이나 나는 주를 의지하리이다.

36:15-16 하나님은 곤고한 자를 그 곤고에서 구원하시며 학대당할 즈음에 그의 귀를 여시나니, 그러므로 하나님이 그대를 환난에서 이끌어 내사 좁지 않고 넉넉한 곳으로 옮기려 하셨은즉 무릇 그대의 상에는 기름진 것이 놓이리라.

☞ *곤고*

곤란하고 고통스러움

☞ *학대당할 즈음에*

곤고함을 당하고 있는 중이라는 뜻이다.

악인에게 주어지는 환난은 그의 죄에 대한 형벌이지만 의인에게 주어지는 곤고는 연단을 통하여 하나님을 더욱 알도록 하기 위함인 것을 보여준다.

36:17 이제는 악인의 받을 벌이 그대에게 가득하였고 심판과 정의가 그대를 잡았나니.

36:18 그대는 분노하지 않도록 조심하며 많은 뇌물이 그대를 그릇된 길로 가게 할까 조심하라.

Be careful that no one entice you by riches; do not let a large bribe turn you aside.

지금 욥은 모든 것을 잃은 상황 가운데 있는데 엘리후의 이런 충고는 얼핏 어울리는 것 같지 않다. 바로 앞 절인 17절을 보면 욥을 악인으로 규정하고 하나님의 심판을 받게 되었음을 신랄하게 고발하고 있다. 그렇다면 지금 엘리후는 욥이 더 심한 심판과 형벌을 받지 않기 위한 방안을 제시한다. 그러나 이미 모든 것을 잃은 욥에게 이런 엘리후의 충고는 아무런 효험이 없다. 오히려 상처만 더 낼 뿐이다.

☞ *그대는 분노하지 않도록 조심하며 많은 뇌물이 그대를 그릇된 길로 가지 아니할까 조심하라.*

끝까지 분노로서 하나님의 징계를 대적하다가는 결국 별 수 없이 망하고 결국 그 죄악이 대속될 길도 없다는 뜻이다.

36:19 그대의 부르짖음이나 그대의 능력이 어찌 능히 그대가 곤고한 가운데에서 그대를 유익하게 하겠느냐!

- **잠 11:24** 흩어 구제하여도 더욱 부하게 되는 일이 있나니 과도히 아껴도 가난하게 될 뿐이니라.

36:20-21 그대는 밤을 사모하지 말라. 인생들이 밤에 그들이 있는 곳에서 끌려가리라. 삼가 악으로 치우치지 말라. 그대가 환난보다 이것

을 택하였느니라.

36:22-23 하나님은 그의 권능으로 높이 계시나니 누가 그같이 교훈을 베풀겠느냐? 누가 그를 위하여 그의 길을 정하였느냐? 누가 말하기를 주께서 불의를 행하셨나이다 할 수 있으랴.

36:24 그대는 하나님께서 하신 일을 기억하고 높이라. 잊지 말지니라. 인생이 그의 일을 찬송하였느니라.

- **눅 1:46** 마리아가 이르되 내 영혼이 주를 찬양하며

36:25-28 그의 일을 모든 사람아 우러러보나니 먼 데서도 보느니라. 하나님은 높으시니 우리가 그를 알 수 없고 그의 햇수를 헤아릴 수 없느니라. 그가 물방울을 가늘게 하시며 빗방울이 증발하여 안개가 되게 하시도다. 그것이 구름에서 내려 많은 사람에게 쏟아지느니라.

- **시 147:8** 그가 구름으로 하늘을 덮으시며 땅을 위하여 비를 준비하시며 산에 풀이 자라게 하시며,

36:29-31 겹겹이 쌓인 구름과 그의 장막의 우렛소리를 누가 능히 깨달으랴. 보라 그가 번갯불을 자기의 사면에 펼치시며 바다 밑까지 비치시고, 이런 것들로 만민을 심판하시며 음식을 풍성하게 주시느니라.

• **시 104:27-28** 이것들은 다 주께서 때를 따라 먹을 것을 주시기를 바라나이다. 주께서 주신즉 그들이 받으며 주께서 손을 펴신즉 그들이 좋은 것으로 만족하다가,

36:32 그가 번갯불을 손바닥 안에 넣으시고 그가 번갯불을 명령하사 과녁을 치시도다.

36:33 그의 우레가 다가오는 풍우를 알려주니 가축들도 그 다가옴을 아느니라.

• **합 3:4** 그의 광명이 햇빛 같고 광선이 그의 손에서 나오니 그의 권능이 그 속에 감추어졌도다.

37장. 엘리후가 하나님의 기묘함을 증언함

37:1 이로 말미암아 내 마음이 떨며 그 자리에서 흔들렸도다.

너무 떨려서 몸이 흔들리는 것 같다는 표현이다.

37:2-5 하나님의 음성 곧 그의 입에서 나오는 소리를 똑똑히 들으라. 그 소리를 천하에 펼치시며 번갯불을 땅 끝까지 이르게 하시고, 그 후에 음성을 발하시며 그의 위엄찬 소리로 천둥을 치시며 그 음성이

들릴 때에 번개를 멈추게 아니하시느니라. 하나님은 놀라운 음성을 내시며 우리가 헤아릴 수 없는 큰일을 행하시느니라.

37:6 눈을 명하여 땅에 내리라 하시며 적은 비와 큰 비도 내리게 명하시느니라.

- **시 147:16-17** 눈을 양털같이 내리시며 서리를 재 같이 흩으시며, 우박을 떡 부스러기 같이 뿌리시나니 누가 능히 그의 추위를 감당하리요.

37:7 그가 모든 사람의 손에 표를 주시어 모든 사람이 그가 지으신 것을 알게 하려 하심이라.

☞ *손에 표를 주시어*

겨울에 눈이나 큰 비가 내리게 하셔서 모든 일손을 멈추게 하여 쉬게 하신다는 말.

37:8 그러나 짐승들은 땅 속에 들어가 그 처소에 머무느니라.

- **시 104:21-22** 젊은 사자들은 그들의 먹이를 쫓아 부르짖으며 하나님께 구하다가 해가 돋으면 물러가서 그들의 굴속에 눕고.

37:9 폭풍우는 그 밀실에서 나오고 추위는 폭풍을 타고 오느니라.

☞ *폭풍우는 그 밀실에서 나오고*

욥이 살던 때에는 폭풍우가 남쪽에 저장되어 있다고 믿었다.

- **슥 9:14** 여호와께서 그 위에 나타나서 그들의 화살을 번개같이 쏘아내실 것이며 주 여호와께서 나팔을 불게 하시며 남방 회오리바람을 타고 가실 것이라.

37:10-11 하나님의 입김이 얼음을 얼게 하시고 물의 너비를 줄어들게 하시느니라. 또한 그는 구름에 습기를 실으시고 그의 번개로 구름을 흩어지게 하시느니라.

37:12 그는 감싸고도시며 그들의 할 일을 조종하시느니라. 그는 땅과 육지 표면에 있는 모든 자들에게 명령하시느니라.

- **시 148:8-13** 불과 우박과 눈과 안개와 그의 말씀을 따르는 광풍이며, 산들과 모든 작은 산과 과수와 모든 백향목이며 짐승과 모든 가축과기는 것과 나는 새며 세상의 왕들과 모든 백성들과 고관들과 땅의 모든 재판관들이며 총각과 처녀와 노인과 아이들아 여호와의 이름을 찬양할지어다.

37:13 혹은 징계를 위하여 혹은 땅을 위하여 혹은 긍휼을 위하여 그가 이런 일을 생기게 하시느니라.

37:14-17 욥이여 이것을 듣고 가만이 서서 하나님의 오묘한 일을 깨달으라. 하나님이 이런 것들에게 명령하셔서 그 구름의 번개로 번쩍

거리게 하시는 것을 그대가 아느냐? 그대는 겹겹이 쌓인 구름과 완전한 지식의 경이로움을 아느냐? 땅이 고요할 때에 남풍으로 말미암아 그대의 의복이 따뜻한 까닭을 그대가 아느냐?

37:18 그대는 그를 도와 구름장들을 두들겨 넓게 만들어 녹여 부어 만든 거울 같이 단단하게 할 수 있겠느냐?

37:19 우리가 그에게 할 말을 그대는 우리에게 가르치라. 우리는 아둔하여 아뢰지 못하겠노라.

☞ *아둔하여*

우매해서 라는 뜻이다.

37:20 내가 말하고 싶은 것을 어찌 그에게 고할 수 있으랴 삼켜 지기를 바랄 자가 있으랴.

사람이 하나님을 비평하는 말로 대항할 수 없다는 것이다. 피조물인 인생이 어떻게 창조자를 대항할 수 있으랴. 하나님을 대항하는 자는 소멸될 수밖에 없다.

☞ *삼켜지기를*

없어지다, 소멸되다의 뜻.

37:21-22 그런즉 바람이 불어 하늘이 말끔하게 되었을 때 그 밝은 빛을 아무도 볼 수 없느니라. 북쪽에서는 황금 같은 빛이 나오고 하나님께는 두려운 위엄이 있느니라.

☞ *황금 같은 빛이 나오고*

좋은 찬란한 날씨가 된다는 뜻.

37:23-24 전능자를 우리가 찾을 수 없나니 그는 권능이 지극히 크사 정의나 무한한 공의를 굽히지 아니하심이니라. 그러므로 사람들은 그를 경외하고 그는 스스로 지혜롭다 하는 모든 자를 무시하느니라.

엘리후의 발언이 본래의 욥기를 구성하는 이야기 속에 있지 아니하고 욥기 전체 구성의 보완책으로 후대 욥기 전승자가 집필하였음을 짐작 할 수 있다. 그 예로 세 친구들의 방문에서 엘리후는 빠져있고 또 하나님의 폭풍우속의 말씀에서도 엘리후는 지적하지 않으신다. 엘리후라는 이름은 욥이 살던 우스땅이 아닌 이스라엘의 다윗시대에 잘 쓰이던 이름이다. 이를 유추해 볼 때 엘리후의 발언(32장~37장 참조)은 후세에 편입되었을 가능성이 크다.

욥의 친구들의 설득이 실패하였음을 지적하며 시작하는 엘리후의 발언은 처음부터 자신만이 잘못된 세상을 바로 잡을 수 있다는 오만한 착각에 사로 잡혀있다. 욥이 처한 인간적 상황과 실존적 아픔보다는 논리와 교리를 앞세우는 혈기 찬 젊은이이다. 엘리후 발언이 위험하게 느껴지는 이유는 자신이 감히 하나님의 대언자처럼 또는 심지어 하나님의 변호자인 것처럼 나서는데 있다(32:13, 36:2 참조). 하나님의 지혜에 관한한 이미 28장 12절과 23절에서 인간이 터득할 수 없는 것으로 선포 되었으나 엘리후는 본인이 그 지혜의 길을 아는 양 행세 하고 있다.

엘리후의 자기 논리는 한마디로 자기중심적 에고이즘의 전형적 사례이다. 무엇보다도 그의 발언은 온통 1인칭 주어로 꽉 차 있다. 내가 말하기를(32:7 참조), 그러므로 내가 말하노니(32:10 참조), 내 말을 들어보라, 내게 귀 기울여 보라 등. 엘리후는 나름대로 새로운 신학적 접근과 개념을 시도하고 있으나 여전히 기존의 신학적 용어들을 극복, 초월하지 못하고 있다. 왜냐하면 엘리후 역시 세 친구들처럼 삶의 현장이 아닌 기존의 관념적 관습적 신앙의 틀로부터 자신의 주장을 펴고 있기 때문이다, 새로운 지혜를 통한 근본적 틀을 넘어섬은 욥에 의해서만 가능하다. 아무런 보호망 그리고 장애물 없는 무질서의 중심에 서 있는 자라야 하나님의 지혜와 세상 이해로 넘어 갈 수 있다.

세 친구도 그렇고 지금 엘리후에게도 똑같은 문제는 그들의 하나님 이해가 자신들의 관습적 신앙 교리를 신봉하고 사수하기 위함이지 진실로 친구에 대한 사랑, 인간에 대한 사랑으로 나아가지 못한다는 점이다(36:2~3 참조).

이에 반하여 예수 그리스도는 하나님 사랑과 이웃 사랑의 새로운 계명을 주셨다. 즉, 내 옆에 있는 형제와 자매를 먼저 사랑하는 것이 곧 하나님을 온전히 알고 사랑하는 길이다.

이웃을 향할 때 가장 중요한 태도는 겸손이다. 더 이상 나 중심이 아닌 타인을 있는 그대로 받아들이고 함께 삶을 나누는 일이다. 교만은 패망이다. 엘리후의 교만은 자신이 유일한 지혜의 소유자인양(32:7~8 참조),(33:4,14 참조),(36:2 참조) 자신이 무언가를 깨닫고 먼저 앞장선 자인 척할 때 위험에 처한다. 하나님을 위한다고 하는 자신의 열심이 오히려 신앙의 가장 치명적 죄인 하나님의 위치를 빼앗는 상황이 된다. 따라서 우리에게는 예수 그리스도의 온유와 겸손의 멍에가 절실하게 필요하다.

엘리후의 발언은 한마디로 하나님의 지혜 앞에 실패한 인간의 지혜이다. 이미 욥기 28장의 지혜 찬양 시에서 기존의 인간 지혜의 불가능성을 살펴보았다. 그리고 이후 욥은 최후의 신앙적 도달과 종교적 경계를 넘어섰다. 이제 남은 것은 전무후무한 하나님과 인간의 법정 소송장을 제출한 채 하나님의 직접적인 응답을 기다리는 긴장된 순간이다.

이미 욥은 기존의 울타리에 둘려 있는 세 친구와 엘리후의 세계와는 전적으로 다른 차원에 서 있다. 하나님의 폭풍우 속 말씀이 들려지기 직전 욥은 멀리 그렇게 전혀 다른 세계에 있는 것이다.

제12단원
38:1-40:5

38장. 대자연에 대한 여호와의 계시

38:1 그 때에 여호와께서 폭풍우 가운데에서 욥에게 말씀하여 이르시되,

욥이 이때까지 말한 중에 하나님의 섭리에 대하여 의문이 있었다. 그러므로 이제 하나님은 이에 대하여 말씀하신다. 하나님께서는 자연계에 나타난 그의 깊은 지혜를 보여 주시면서 그의 섭리에 대한 욥의 무식을 지적하셨다.

38장에서는 하나님의 지혜와 권능이 자연계에 나타나 있음을 서술한다. 이 부분에서 하나님이 친히 들어 말씀하시는 종류가 여러 가지이다. 땅, 바다, 별, 빛 등에 관한 것, 기후에 관한 것, 짐승에 관한 것 등이다. 이것들에 관해 하나님께서는 욥에게 네가 아느냐 네가 하였느냐고 물으시면서 하나님의 지혜와 능력을 욥에게 상기시키신다. 이 말씀의 교훈은 우리가 만물을 보아서 하나님의 지혜와 능력을 알 수 있다는 것이다.

38:2 무지한 말로 생각을 어둡게 하는 자가 누구냐?

Who is this that darkens my councel with words without knowledge?

폭풍 가운데 나타나신 하나님의 첫 번째 말씀으로 의의가 큰 구절이다. 이 곳에서 내용상 하나님께서 지적하고 있는 것은 욥이 지식 없는 말을 했다는 사실이다. 즉 하나님의 불공평한 세상 섭리를 욥이 불평한 장면들이다. 하나님은 질문으로 욥의 정체성을 묻고 있다. 도대체 너는 세상 섭리에 대하여 아는 것이 무엇이냐.

38:3 너는 대장부처럼 허리를 묶고 내가 네게 묻는 것을 대답할지니라.

대장부답게 허리를 동이라는 표현은 40:7의 두 번 째 말씀에서도 똑같이 나온다. 그리고 구약에서는 예레미야 1:17에 나온다. 이는 하나님이 예언자의 사명으로 초대하는 하나님의 초청문이자 격려문이다.

그러나 본문에서 문맥상 욥에게 향한 하나님의 사명으로의 초청이나 격려이기보다 욥을 위한 하나님의 창조섭리와 지혜로 이끄는 초청문이요 격려문으로 해석할 수 있다.

38:4 내가 땅의 기초를 놓을 때에 네가 어디 있었느냐? 네가 깨달아 알았거든 말할지니라.

- **시 104:5** 땅의 기초를 두사 영원히 요동치 않게 하셨나이다.

38:5 누가 그것의 도량법을 정하였는지, 누가 그 줄을 그것의 위에 띄었는지 네가 아느냐?

☞ *도량법*

사물의 길이 또는 양을 재는 수치의 기준이다.

☞ *그 줄을*

먹줄을 말하며 길이와 곧기를 재는 데 쓰인다.

38:6 그것의 주추는 무엇 위에 세웠으며 그 모퉁잇돌은 누가 놓았느냐?

☞ *주추*

기초

38:7-8 그때에 새벽별들이 기뻐 노래하며 하나님의 아들들이 다 기뻐 소리를 질렀느니라. 바다가 그 모태에서 터져 나올 때에 문으로 그것을 가둔 자가 누구냐?

☞ *문으로 그것을 가둔 자가 누구냐*

모래로 바다의 한계를 삼은 것을 말한다.

• **렘 5:22** 여호와의 말씀이니라. 너희가 나를 두려워 아니하느냐 내 앞에서 떨지 아니하겠느냐 내가 모래를 두어 바다의 한계를 삼되 그것으로 영원한 한계를 삼고 지나치지 못하게 하였으므로 파도가 거세게 이나 그것을 이기지 못하며 뛰노나 그것을 넘지 못하느니라.

• **창 1:9** 하나님이 이르시되 천하의 물이 한 곳으로 모이고 뭍이 드러나라 하시니 그대로 되니라.

38:9 그 때에 내가 구름으로 그 옷을 만들고 흑암으로 그 강보를 만들고,

☞ *흑암으로 그 강보를*

구름이 갓 생긴 바다를 덮고 있는 것을 묘사한 것이다.

38:10-11 한계를 정하여 문빗장을 지르고, 이르기를 네가 여기까 지 오고 더 넘어가지 못하리니 네 높은 파도가 여기서 그칠지니라 하였노라.

38:12-13 네가 너의 날에 아침에게 명령하였느냐 새벽에게 그 자리를 일러 주었느냐? 그것으로 땅 끝을 붙잡고 악한 자들을 그 땅에서 떨쳐 버린 일이 있었느냐?

38:14-15 땅이 변하여 진흙에 인친 것 같이 되었고 그들은 옷 같이 나타나되, 악인에게는 그 빛이 차단되고 그들의 높이 든 팔이 꺾이느니라.

☞ *진흙에 인친 것 같이*

토판으로 된 문서에 도장을 찍는 것 같다.

☞ *높이 든 팔이 꺾이느니라*

악한 자들의 거만함이 꺾인다는 뜻이다.

38:16-18 네가 바다의 샘에 들어갔었느냐? 깊은 물밑으로 걸어 다녀 보았느냐? 사망의 문이 네게 나타났느냐? 사망의 그늘진 문을 네가 보았느냐? 땅의 너비를 네가 측량할 수 있느냐? 네가 그 모든 것들을 다 알거든 말할지니라.

38:19-21 어느 것이 광명이 있는 곳으로 가는 길이냐? 어느 것이 흑암이 있는 곳으로 가는 길이냐? 너는 그의 지경으로 그를 데려갈 수 있느냐? 그의 집으로 가는 길을 알고 있느냐? 네가 아마도 알리라. 네가 그때에 태어났으리니 너의 햇수가 많음이니라.

반의어 법적인 말씀이다. 네가 알기는 아느냐, 네가 그 때에 태어나기는 했느냐의 뜻이다.

38:22 네가 눈 곳간에 들어갔었느냐? 우박 창고를 보았느냐?

☞ *눈 곳간 … 우박 창고*

눈이나 우박이 하늘의 일정한 장소에 있다고 생각한 고대인들의 우주관의 표현이다.

38:23-24 내가 환난 때와 교전과 전쟁의 날을 위하여 이것을 남겨 두었노라. 광명이 어느 길로 뻗치며 동풍이 어느 길로 땅에 흩어지

느냐?

☞ *광명이 어느 길로 뻗치며*

분배하다(distribute)의 의미이다. 매일 아침 광명이 만물에게 비추는 것을 말한다.

☞ *동풍*

팔레스타인의 폭풍은 주로 사막 지역인 동쪽에서 불어온다.

38:25 누가 홍수를 위하여 물길을 터 주었으며 우레와 번개 길을 내어 주었느냐?

☞ *홍수를 위하여 물길을*

팔레스타인에 흔한 건천(wadi)을 가리킨다. 홍수 때에만 물이 흐르고 그 외에는 건조해서 여행객들의 통로로 이용된다.

38:26-30 누가 사람 없는 땅에, 사람이 없는 광야에 비를 내리며, 황무하고 황폐한 토지를 흡족하게 하여 연한 풀이 돋아나게 하였느냐? 비에게 아비가 있느냐? 이슬방울은 누가 낳았느냐? 얼음은 누구의 태에서 났느냐? 공중의 서리는 누가 낳았느냐? 물은 돌 같이 굳어지고 깊은 바다의 수면은 얼어붙느니라.

• **시 147:16-17** 눈을 양털 같이 내리시며 서리를 재 같이 흩으시며 우박을 떡 부스러기 같이 뿌리시나니 누가 능히 그 추위를 감당하리요.

38:31 네가 묘성을 매어 묶을 수 있으며 삼성의 띠를 풀 수 있겠느냐?

☞ *묘성*

북두칠성이다.

☞ *삼성의 띠*

초겨울에 하늘에 떠 있는 오리온자리를 가리키며 세 개의 별로 구성되어 있다.

38:32-33 너는 별자리들을 각각 제 때에 이끌어 낼 수 있으며 북두성을 다른 별들에게로 이끌어 갈 수 있겠느냐? 네가 하늘의 궤도를 아느냐? 하늘로 하여금 그 법칙을 땅에 베풀게 하겠느냐?

☞ *하늘의 궤도*

하나님께서 자기 의지로 자연계를 움직여가는 법칙이다.

• **시 119:90-91** 주의 성실하심은 대대에 이르나이다. 주께서 땅을 세우셨음으로 땅이 항상 있사오니 천지가 주의 규례대로 오늘까지 있음은 만물이 주의 종이 된 까닭이니이다.

38:34-36 네가 목소리를 구름에까지 높여 넘치는 물이 네게 덮이게 하겠느냐? 네가 번개를 보내어 가게 하되 번개가 네게 우리가 여기 있나이다 하게 하겠느냐? 가슴속의 지혜는 누가 준 것이냐? 수탉에게 슬기를 준 자가 누구냐?

38:37-38 누가 지혜로 구름의 수를 세겠느냐? 누가 하늘의 물주머니

를 기울이겠느냐? 티끌의 덩어리를 이루며 흙덩이가 서로 붙게 하겠느냐?

☞ *하늘의 물주머니*

비를 지닌 짙은 구름을 말한다.

38:39 네가 사자를 위하여 먹이를 사냥하겠느냐? 젊은 사자의 식욕을 채우겠느냐? 네가 사자의 어린 새끼의 먹을 것을 위하여 사냥하겠느냐?

Can you hunt prey for the lioness and satisfy the appetite of young lions.

38:40-41 그것들이 굴에 엎드리며 숲에 앉아 숨어 기다리느니라. 까마귀 새끼가 하나님을 향하여 부르짖으며 먹을 것이 없어서 허우적거릴 때에 그것을 위하여 먹이를 마련하는 이가 누구냐?

동물 세계에 나타난 하나님의 지혜를 묘사하고 있다.

39장. 금수에 대한 하나님의 계시

39:1-4 산 염소가 새끼 치는 때를 네가 아느냐? 암사슴이 새끼 낳는 것을 네가 본 적이 있느냐? 그것이 몇 달 만에 만삭 되는지 아느냐? 그 낳을 때를 아느냐? 그것들은 몸을 구푸리고 새끼를 낳으니 그 괴로움이 지나가고, 그 새끼는 강하여져서 빈 들에서 크다가 나간 후에는 다시 돌아오지 아니하느니라.

☞ *나간 후에는*

어미에게서 독립을 한다는 뜻이다.

- **창 8:12** 또 칠일을 기다려 비둘기를 내놓으매 다시는 그에게로 돌아오지 아니하였더라.
- **마 6:26** 공중의 새를 보라 심지도 않고 거두지도 않고 창고에 모아들이지도 아니하되 너희 하늘 아버지께서 기르시나니 너희는 이것들보다 귀하지 아니하냐?

39:5 누가 들나귀를 놓아 자유롭게 하였느냐? 누가 빠른 나귀의 매인 것을 풀었느냐?

사람에게 지배받지 않는 들나귀의 자유를 하나님께서 주셨다. 이 세상에는 사람의 뜻대로 되지 않는 일들이 많은데 본문은 그런 것들도 하나님의 관할 아래 있다는 영적 교훈을 우리에게 주신다.

39:6 내가 들을 그것의 집으로, 소금 땅을 그것이 사는 처소로 삼았느니라.

☞ *소금 땅을*

동물들도 살아가는 데 소금이 필요하다.

39:7-8 들나귀는 성읍에서 지껄이는 소리를 비웃나니 나귀 치는 사람이 지르는 소리는 그것에게 들리지 아니하며, 초장 언덕으로 두루 다니며 여러 가지 푸른 풀을 찾느니라.

인간과 인간의 땅과 관련 없음에 대한 묘사이다. 근본적으로 강조하고자 하는 것은 자연세계의 독립성과 자유로움이다.

39:9 들소가 어찌 기꺼이 너를 위하여 일하겠으며 네 외양간에 머물겠느냐?

- **사 1:3** 소는 그 임자를 알고, 나귀는 그 주인의 구유를 알건마는 이스라엘은 알지 못하고 나의 백성은 깨닫지 못하는도다 하셨도다.

39:10 네가 능히 줄로 매어 들소가 이랑을 갈게 하겠느냐? 그것이 어찌 골짜기에서 너를 따라 써레를 끌겠느냐?

☞ *써레*

흙덩이를 판판하게 고르는 데 쓰이는 농기구이다.

39:11-12 그것이 힘이 세다고 네가 그것을 의지하겠느냐? 네 수고를 그것에게 맡기겠느냐? 그것이 네 곡식을 실어오며 네 타작마당에 곡식 모으기를 그것에게 의탁하겠느냐?

39:13-18 타조는 즐거이 날개를 치나 학의 깃털과 날개 같겠느냐? 그것이 알을 땅에 버려두어 흙에서 더워지게 하고, 발에 깨어질 것이나 들짐승에게 밟힐 것을 생각하지 아니하고 그 새끼에게 모질게 대함이 제 새끼가 아닌 것처럼 하며 그 고생한 것이 헛되게 될지라도 두려워하지 아니하나니 이는 하나님이 지혜를 베풀지 아니하셨고 총명을 주지 아니함이라. 그러나 그것이 몸을 떨쳐 뛰어 갈 때에는 말과 그 위에 탄 자를 우습게 여기느니라.

9:19-20 말의 힘을 네가 주었느냐? 그 목에 흩날리는 갈기를 네가 입혔느냐? 네가 그것으로 메뚜기처럼 뛰게 하였느냐? 그 위엄스러운 콧소리가 두려우니라.

> • **렘 8:16** 그 말의 부르짖음이 단에서부터 들리고 그 준마들의 우는 소리에 온 땅이 진동하며 그들이 이르러 이 땅과 그 소유와 성읍과 그 중의 거민을 삼켰도다.

39:21 그것이 골짜기에서 발굽질하고 힘 있음을 기뻐하며 앞으로 나아가서 군사를 맞되,

☞ *발굽질하고*

이는 용맹스러운 군마가 전쟁터에 나가기 전에 그 힘 있음

을 참지 못하여 앞발로 땅을 긁어 파는 모습이다.

39:22-23 두려움을 모르고 겁내지 아니하며 칼을 대할지라도 물러나지 아니하니, 그의 머리 위에서는 화살통과 빛나는 창과 투창이 번쩍이며,

☞ *칼을 대할지라도 물러나지 아니하니*

전쟁터에서 적군을 상대로 위력을 과시하는 말의 기백을 묘사한 것이다.

39:24 땅을 삼킬 듯이 맹렬이 성내며 나팔소리에 머물러 서지 아니하고,

☞ *땅을 삼킬 듯이 맹렬이 성내며*

전쟁터를 무서운 속도로 질주하고 누비는 모습이다.

39:25 나팔소리가 날 때마다 힝힝 울며 멀리서 싸움 냄새를 맡고 지휘관들의 호령과 외치는 소리를 듣느니라.

☞ *힝힝 울며*

말이 우는 소리.

☞ *외치는 소리*

고대 전쟁에서 사기를 돋우기 위해 내는 함성.

39:26 매가 떠올라서 날개를 펼쳐 남쪽으로 향하는 것이 어찌 네 지혜로 말미암음이냐?

☞ *매가 떠올라서 날개를 펼쳐 남쪽으로*

매는 겨울이 되면 기후를 따라 남쪽으로 이동하는 것을 말한다.

• **렘 8:7** 공중의 학은 그 정한 시기를 알고 산비들기와 제비와 두루미는 그들이 올 때를 지키거늘 내 백성은 여호와의 규례를 알지 못하도다.

39:27-30 독수리가 공중에 떠서 높은 곳에 보금자리를 만드는 것이 어찌 네 명령을 따름이냐? 그것이 낭떠러지에 집을 지으며 뾰족한 바위 끝이나 험준한 데 살며, 거기서 먹이를 살피나니 그 눈이 멀리 봄이며 그 새끼들도 피를 빠나니 시체가 있는 곳에는 독수리가 있는지라.

☞ *피를 빠나니*

독수리는 죽은 고기를 먹는다.

• **민 24:21** 또 겐 족속을 바라보며 예언하며 이르기를 네 거처가 견고하고 네 보금자리는 바위에 있도다.

40장. 여호와와 욥의 대화

40:1-2 여호와께서 또 욥에게 일러 말씀하시되 트집 잡는 자가 전능자와 다투겠느냐? 하나님을 탓하는 자는 대답할지니라.

☞ *트집잡는 자가 전능자와 다투겠느냐*

전능한 자와 다투어 논쟁하는 자, 하나님과 감히 논쟁하는 자는 신성모독에 해당할 만 한 죄이지만 42:7-8에서 하나님께서 욥의 친구들이 아닌 욥의 손을 들어주신다. 그렇다면 하나님과 논쟁하며 하나님을 감히 판단하는 자가 곧 욥이라고 하나님께서 역설적으로 인정하신다.

곧 욥의 정체성은 감히 하나님과 하나님의 섭리에 대하여 대화를 나눌 수 있는 자로 이해된다.

40:3-5 욥이 여호와께 대답하여 이르되, 보소서 나는 비천하오니 무엇이라 주께 대답하리이까? 손으로 내 입을 가릴 뿐이로소이다. 내가 한번 말하였아온즉 다시는 더 대답하지 아니하겠나이다.

☞ *나는 비천하오니 … 손으로 내 입을 가릴 뿐이로소이다*

하나님 저는 하찮은 존재입니다. 제가 어떻게 당신께 대답을 하겠습니까, 그저 나의 손으로 내 입을 가릴 뿐입니다.

욥은 이제 더 이상 하나님 앞에서 질의를 하지 않겠다고 말한다. 그는 이제 자기의 고난에 대한 하나님의 섭리에 관하여 해결을 받았다. 여기서 한 가지 의문이 있다. 그것은 욥이 창조주 되신 하나님의 위대함을 이번에야 처음으로 알게 되었을까 하는 점이다. 그는 어찌하여 하나님의 창조 능력에 대한 말씀을 들은 후에야 문제를 해결을 받았다고 하는가? 그 이전에도 이미 알고 있지 않았던가? 그는 하나님을 전통적 지식에 의하여 하나님을 알았지만 지금은 그가 신앙적 체험에 의하여 영의 눈으로 하나님을 보게 된 것이다.

• **스 9:6** 말하기를 나의 하나님이여 내가 부끄럽고 낯이 뜨거워서 감히 나의 하나님을 향하여 얼굴을 들지 못하오니 이는 우리 죄악이 많아 정수리에 넘치고 우리 허물이 커서 하늘에 미침이니이다.

심층탐구
38:1-40:5

성경에서 전통적으로 인간의 탄식이나 불평 이후에 나타나는 하나님의 응답은 구원약속이다. 즉 하나님의 함께하심이나 하나님의 구원을 마침내는 허락하시겠다고 확언의 약속이 기도자에게 들려 지기 마련이다.

구원의 약속은 다음과 같은 요소가 포함된다.

1. 도입 : 두려워 말라(사 44:2).
2. 호칭 : 나의 종 야곱아(사 44:2).
3. 근거 : 내가 너와 함께 하기 때문이다(사 4:10).
4. 확언 : 내가 너를 구원하였다(사 43:1).
5. 약속 : 내가 너를 잊지 않을 것이다(사 49:15).

구약성서를 통해 하나님의 응답의 방법을 알고 있는 사람들이라면 욥기에서 들리는 하나님의 응답은 전혀 뜻밖이다. 욥기 38~41장 어느 곳에서도 "두려워 말라"라는 평안에 대한 약속이나 "함께 하리라"는 동행의 격려나 "내가 너를 구원하였다"등의 구원에 대한 확신이나 약속이 없다. 오히려 폭풍우 가운데 들리는 말씀은 확언이나 약속보다는 질문 세례들로 구성되어 있다.

그 이유는 욥이 이제껏 하나님 앞에 탄식했던 내용이 기존의 시편이나 예언자들의 탄식과는 그 내용상 다른 성격을 띠고 있다. 하나님의 도우심과 구원을 위해 돌아오심을 간구하는 탄원보다는 하나님의 정의와 세상 섭리에 대한 문제를 질문하는 항변들로 구성되어 있기 때문이다.

민수기에서 모세도 하나님이 자신에게 목이 곧은 이스라엘 백성을 왜 맡기셔서 자신을 괴롭게 하시는가에 대하여 불만 섞인 목소리로 탄식하고 있다. 왜 주님은 당신의 종에게 괴로움을 주십니까? 왜 저는 주님 앞에 은혜를 못 받습니까? 주께서는 제게 이 모든 백성의 짐을 지우셨습니다(민 11:11 참조). "왜"라는 질문이 인간이 하나님께 향한 불평에서 가장 중심적인 위치를 차지한다.

그런데 한 가지 주목할 만한 사실은 각각의 욥과 모세의 응답 뒤에는 이에 대한 하나님의 두 번째 말씀이 계속해서 따라 나온다는 사실이다. 민수기의 경우, 모세의 비웃는 투의 응답이 하나님의 준엄한 질문을 촉발시킨다. "나의 손이 짧아지기라도 하였느냐? 이제 너는 내가 말한 것이 너에게 사실로 이루어지는지 그렇지 아니한지를 볼 것이다(민 11:23 참조)."

욥기의 경우, 첫 번째 응답은 하나님의 두 번째 말씀과 전혀 상관없어 보인다. 아니, 오히려 하나님은 욥이 이야기한 것을 무시한 채 당신의 두 번째 말씀을 계속해서 이어가는 듯한 인상을 준다. 하나님은 두 번째 말씀에서 욥을 더욱 궁지에 몰아넣는 듯한 질문들을 펼치면서(40:7~14 참조) 점차로 수수께끼 같은 두 거대한 하마와 악어에 대한 상세한 설명에 두 번째 말씀을 집중하신다. 이를 통해 보건데, 욥의 첫 번째 응답은 하나님이 만족할 만한 답변이 되지 못한 것 같다. 그러기에 하나님께서는 두 번째 말씀을 시작하고 계신다.

일반적으로, 구약성서의 하나님의 구원에 대한 응답은 하나님이 직접 답변하시고 해결을 주신다. 민수기 본문에서 나타나는 모세에게 주어진 첫 번째 하나님의 응답은 동일한 방법이다. 그러나 두 번째 말씀은 다르다. 그것은 질문으로 시작하고 있다. 이 두 번째 말씀이 우리가 욥에서 발견되는 질문들로 가득 찬 하나님의 폭풍우 속 말씀들과 같은 성격을 띠고 있다. 이렇듯 하나님의 답변이 도리어 질문의 형태로 나타나는 것은 하나님께 대한 간구자의 도전적 발언들과 깊이 연관되어 있다.

모세는 어떻게 장정 60만 명이나 되는 백성에게 고기를 먹일 수 있는가 라며 하나님의 능력에 대하여 의심하며 비아냥거렸다(민 11:21,22 참조). 그래서 하나님은 두 번째 대답에서 모세에게 교훈조의 질문을 하신다. "나의 손이 짧아지기라도 하였느냐?" 욥의 경우 하나님께 대한 도전 강도는 더욱 심하다. 욥은 자신이 당하는 의인의 고통과 이 세상에서 펼쳐지는 악인들의 영화를 목도하면서(욥 21:7~33,24:1~17 참조) 결국에는 하나님이 정의롭지 못하다고(욥 27:2 참조)말한다. 그러면서 감히 하나님을, 잘잘못을 따지는 재판정 자리로 불러내는 종교사상 유래 없는 도전적 요청을 하였다(욥 31:35~37 참조).

이에 욥에 대한 하나님의 응답은 일련의 역 질문 공세들로 시작되고 있는 것이다. "무지한 말로 이치를 어둡게 하는 자가 누구냐?"(욥 38:2) 내가 땅의 기초를 놓을 때에 네가 거기에 있기라도 하였느냐? 누가 이 땅을 설계 하였는지 너는 아느냐? 누가 그 위에 측량줄을 띄웠는지 네가 아느냐? 지금 하나님은 욥에게 직접적인 응답을 하시지 않는다. 오히려 그칠 줄 모르는 질문의 세례들을 퍼부으신다. 그러나 그 질문들은 다분히 의도적이다. 욥이 얼마나 알고 있는가를 추궁해하고 있다. 그리고 욥이 마땅히 깨달아야 할 바에 대하여 교육하고 계신다.

제13단원
40:6-24

40:6-9 그 때에 여호와께서 폭풍우 가운데에서 욥에게 일러 말씀하시되, 너는 대장부처럼 허리를 묶고 내가 네게 묻겠으니 내게 대답할지니라. 네가 내 공의를 부인하려느냐? 네 의를 세우려고 나를 악하다 하겠느냐? 네가 하나님처럼 능력이 있느냐? 하나님처럼 천둥소리를 내겠느냐?

하나님은 환난 당한 것을 억울하게 여기는 욥을 향하여 그 고난을 보내신 하나님의 처사를 공정치 않다고 하며 무효로 돌리려는 것이 아닌가 하고 풍자적으로 그에게 물으신다.

하나님의 말씀에서 드러나는 욥의 정체성은 하나님의 판단을 자신의 판단과 대비시키는 자이다. 사실상 본문의 맥락은 욥은 감히 하나님의 의로우신 판단 앞에 자신의 의를 내세울 수 없는 자임을 분명히 하고 있다. 그러나 하나님께서 궁극적으로 밝히고자 하는 것은 욥이 약하고 보잘 것 없는 존재라는 사실이 아니다. 오히려 감히 하나님과 더불어 세상 섭리를 논할 수 있는 자임을 부각시킨다.

• **시 89:13** 주의 팔에 능력이 있사오며 주의 손은 강하고 주의 오른손은 높이 들리우셨나이다.

40:10 너는 위엄과 존귀로 단장하며 영광과 영화를 입을지니라.

☞ *영화*

화려함.

40:11-12 너는 넘치는 노를 비우고 교만한 자를 발견하여 모두 낮추되, 모든 교만한 자를 발견하여 낮아지게 하며 악인을 그들의 처소에서 짓밟을지니라.

40:13-14 그들을 함께 진토에 묻고 그들의 얼굴을 싸서 은밀한 곳에 둘지니라. 그리하면 네 오른손이 너를 구원할 수 있다고 내가 인정하리라.

☞ *진토에 묻고 … 얼굴을 싸서 은밀한 곳에 둘지니라*

땅에 매장하고, 베로 얼굴을 싸서 무덤에 둘지니라.

교만한 자를 낮추시는 것이 하나님의 공의와 능력으로 말미암다고 말씀하신다. 하나님은 욥 자신이 그런 심판을 시행할 수 있는가 라고 물으신다. 이런 질문에 의하여 하나님께서는 욥으로 하여금 스스로 반성하고 더욱 겸손한 자리로 내려가도록 하신다.

• **단 4:37** 그러므로 지금 나 느브갓네살은 하늘의 왕을 찬양하며 칭송하며 경배하노니 그의 일이 다 진실하고 그의 행하심이 의로우시므로 교만하게 행하는 자를 그가 능히 낮추심이니라.

40:15-17 이제 소 같이 풀을 먹는 베헤못을 볼지어다. 내가 너를 지은 것 같이 그것도 지었느니라. 그것의 힘은 허리에 있고 그 뚝심은 배의 힘줄에 있고, 그것이 꼬리 치는 것은 백향목이 흔들리는 것 같고 그 넓적다리 힘줄은 서로 얽혀 있으며,

☞ *베헤못*

하마처럼 생긴 괴물.

• **민 22:4** 미디안 장로들에게 이르되 이제 무리가 소가 밭의 풀을 뜯어먹음 같이 우리 사방에 있는 것을 다 뜯어먹으리로다 하니 그 때에 십볼의 아들 발락이 모압 왕이었더라.

40:18-19 그 뼈는 놋관 같고 그 뼈대는 쇠막대기 같으니, 그것은 하나님이 만드신 것 중에 으뜸이라. 그것을 지으신 이가 자기의 칼을 가져오기를 바라노라.

☞ *뼈대*

갈비뼈

☞ *칼*

하마의 날카로운 이빨.

40:20-22 모든 들짐승들이 뛰노는 산은 그것을 위하여 먹이를 내느니라. 그것이 연 잎 아래에나 갈대 그늘에서나 늪 속에 엎드리니, 연잎 그늘이 덮으며 시내 버들이 그를 감싸는도다.

40:23-24 강물이 소용돌이칠지라도 그것이 놀라지 않고 요단 강물이 쏟아져 그 입으로 들어가도 태연하니, 그것이 눈을 뜨고 있을 때 누가 능히 잡을 수 있겠으며 갈고리로 그것의 코를 꿸 수 있겠느냐?

☞ *태연하니*

큰일을 당하고도 아무렇지도 않은 듯 침착한 것을 말한다.

사람은 하마와 같이 큰 짐승을 단속하기 어려워도 하나님은 하신다.

- **잠 1:17** 새가 보는 데서 그물 치면 헛일이겠거늘

하나님께서는 40장 6절에서 새롭게 두 번째 말씀을 시작하신다. 그리고 그 시작은 첫 번째 말씀과 유사하다.

7절에서 너는 대장부처럼 허리를 묶고 내가 네게 묻겠으니 내게 대답할지니라 하고 욥을 다그치신다. 이는 첫 번째 말씀에서도 초두에 하신 말씀과 동일하다. 그리고 8절에서 욥이 지금 무슨 일을 저지르고 있는가 물으신다. 즉 네가 내 심판을 폐하려하느냐 스스로 의롭다 하려하며 나를 불의하다 하느냐 이것은 또한 첫 번째 말씀에서 욥이 어떤 자인가를 묻는 정체성의 질문에 대한 내용에 상응한다.

결국 하나님의 폭풍우 속 말씀의 핵심은 욥의 정체성에 대한 물음이다. 그런데 첫 번째 말씀에서는 창조세계의 대 파노라마 속에서 하나님 섭리와의 관련성 가운데 욥의 정체성을 물었다면 두 번째 말씀에서는 세상 역사 속에서 펼쳐지는 하나님 공의와 관련하여 욥의 정체성을 묻고 있다.

하나님의 폭풍우 속 말씀의 분위기는 욥에 대한 책망과 견책이다. 특별히 자신의 의로움을 주장하기 위해 하나님의 의를 부인하려드는 욥을 지적하는 두 번째 말씀의 시작은 하나님의 호된 꾸지람이다.

그러나 첫 번째 말씀을 살펴볼 때에 하나님의 의도는 책망이 아닌 지혜의 장으로의 인도이다. 욥에게 처음부터 계획하셨던 하나님께서 깨우쳐주시려고 하는 교육적 말씀이 담겨있다. 그 중심 내용은 욥이 하나님의 창조세계와 역사 섭리에서 어떤 위치에 있으며 무슨 역할을 감당해야 하는 가에 관한 것이다. 따라서 욥을 부정하는 의미에서가 아니라 긍정하는 의미에서의 너 자신을 알라가 말씀의 주제이다.

두 번째 폭풍우 말씀에서 드러나는 하나님은 종을 교육시키는 지혜자 하나님이시다. 그리고 그 지혜자 하나님은 창조주요 역사의 섭리자이시다. 하나님은 위대한 자연세계의 피조물을 창조하신 분이실 뿐만 아니라 그 피조물들을 당신의 섭리 하에 복종시키시는 분이시다. 그리고 무질서의 고통 한 가운데서 신음하고 있던 욥에게 그 무질서의 본질을 하나님의 창조세계의 일부로 깨닫게 하고 더 이상 탄식하는 자가 아니라 적극적으로 무질서와 대결하며 새로운 창조의 질서를 만들어 가도록 격려하시는 위대한 인도자이시다.

그 지혜자 하나님은 일방적인 세계 통치의 폭군이 더 이상 아니다. 오히려 이 세상에 하나님의 사랑과 정의를 이루기 위한 새로운 역사 섭리에 끊임없이 당신의 종들을 초청하시는 지혜의 하나님이시다.

인간은 고통을 통하여 자신의 정체성을 더욱 분명하게 발견해 나간다. 욥은 고통이 찾아 왔을 때 칠 주야의 묵상 후 이 창조세계의 하나님의 의를 부정했다. 그리고 친구들과의 대화를 통해서 자신의 무익함과 보잘 것 없는 인간의 운명을 개탄하였다. 그러나 하나님께서는 두 번에 걸친 폭풍우 속 말씀을 통해서 다시금 있는 그대로의 창조세계의 비전을 보여 주셨고 그 세계 속에서 욥의 위치와 역할을 알려 주셨다. 욥은 하나님의 지혜의 바람과 음성을 통해서 관념적이고 자기중심적 시각에서 벗어나 실제적이고 자유한 하나님의 세계를 보았으며 그 세계와 자신과의 관계를 올바로 정립할 수 있었다. 그리고 더 나아가 그 창조세계 속에서의 자신의 본분과 사명을 발견하게 되었다. 그것은 바로 하나님의 새 창조와 새 역사의 동역자로서의 지혜자적 사명이다.

하나님은 창세기 18:16~33에서 아브라함을 소돔과 고모라 심판 여부에 있어서 하나님의 결정을 위한 대화의 파트너로 생각하시고 의논하셨다. 요나와도 니느웨 운명에 대하여 기꺼이 하나님의 의견을 들려주셨다. 이제 하나님께서는 욥에게 세상의 무질서와 의로운 자의 고통에 대한 비밀을 알려주셨다. 그것은 하나님의 창조세계의 일부라는 사실이다. 그럼에도 불구하고 단지 그것으로 끝나지 아니하고 하나님의 사람들은 계속해서 그 무질서와 혼돈을 바로 잡기 위해 초청받고 있음을 도전적 질문을 통해 일깨워 주고 계신다.

하나님의 정의로운 세상 섭리는 하나님의 주권으로 홀로 스스로 이루어지지 않음을 폭풍우 속 말씀을 통해서 알려주고 계신다. 하나님의 대우주의 운행과 역사 진행의 대서사시는 그의 뜻 안에서 도도히 흐르고 있다. 문제는 만물의 영장으로 창조된 인간들이 얼마나 그 창조의 리듬을 잘 타고 있느냐 하는 데 있다.

곧 하나님의 뜻에 인간이 얼마나 잘 순응하느냐에 달려있다. 오히려 자연세계는 하나님의 창조 원리와 역사 섭리 가운데 이미 더불어 잘 움직이고 있다. 그러나 인간들은 창조주의 뜻과는 역행하는 방향으로 향하고 있다. 아니 자신들의 아집과 욕구 가운데 창조자의 지혜의 음성에 귀를 닫고 있는 형편이다.

그러나 인생이 우리의 뜻대로 전개되지 아니하고 아픈 고통과 혼란스런 어둠이 찾아올 때 우리의 막힌 귀가 열리면서 새 창조의 음성에 귀 기울이게 되는 것이다. 그것은 단순한 구원 경험으로 끝나지 아니한다. 한발 더 나아가 하나님의 세상 다스림의 동역자로서 새로운 사명자의 자리에 나아갈 것이다.

제14단원
41:1-42:6

41장. 리워야단에 대한 하나님의 교훈

41:1-2 네가 낚시로 리워야단을 끌어낼 수 있겠느냐? 노끈으로 그혀를 맬 수 있겠느냐? 너는 밧줄로 그 코를 꿸 수 있겠느냐? 갈고리로 그 아가미를 꿸 수 있겠느냐?

☞ *리워야단*

바다에 산다고 하는 무서운 양서류 괴물로 나타난다.

41:3-4 그것이 어찌 네게 계속하여 간청하겠느냐? 부드럽게 네게 말하겠느냐? 어찌 그것이 너와 계약을 맺고 너는 그를 영원히 종으로 삼겠느냐?

☞ *간청*

간절히 구함.

• **출 21:6** 상전이 그를 데리고 재판장에게로 갈 것이요 또 그를 문이나 문설주 앞으로 데리고 가서 그것에다가 송곳으로 그의 귀를 뚫을 것이라 그는 종신토록 그 상전을 섬기리라.

41:5-9 네가 어찌 그것을 새를 가지고 놀듯 하겠으며 네 여종들을 위하여 그것을 매어 두겠느냐? 어찌 장사꾼들이 그것을 놓고 거래하겠으며 상인들이 그것을 나누어 가지겠느냐? 네가 능히 많은 창으로 그 가죽을 찌르거나 작살을 그 머리에 꽂을 수 있겠느냐? 네 손을 그것에게 얹어보라. 다시는 싸울 생각을 못하리라. 참으로 잡으려는 그의 희망은 헛된 것이니라. 그것의 모습을 보기만 해도 그는 기가 꺾이리라.

41:10 아무도 그것을 격동시킬 만큼 담대하지 못하거든 누가 내게 감히 대항할 수 있겠느냐?

☞ *누가 내게 감히 대항할 수 있겠느냐*

이는 사람이 한갓 피조물 중에 리워야단과도 싸워 이길 수 없으면서 어떻게 창조주이신 하나님을 대적할 수 있겠느냐는 뜻이다.

41:11 누가 먼저 내게 주고 나로 하여금 갚게 하겠느냐? 온 천하에 있는 것이 다 내 것이니라.

• **롬 11:35-36** 누가 주께 먼저 드려서 갚으심을 받겠느냐 이는 만물이 주에게서 나오고 주로 말미암고 주에게로 돌아감이라 그에게 영광이 세세에 있으리로다. 아멘

41:12-14 내가 그것의 지체와 그것의 큰 용맹과 늠름한 체구에 대하여 잠잠하지 아니하리라. 누가 그것의 겉가죽을 벗기겠으며 그것에게 겹재갈을 물릴 수 있겠느냐? 누가 그것의 턱을 벌릴 수 있겠느냐? 그의 둥근 이틀은 심히 두렵구나.

☞ *그의 둥근 이틀은*

둥글게 늘어선 이빨들.

41:15-17 그의 즐비한 비늘은 그의 자랑이로다. 튼튼하게 봉인하듯이 닫혀있구나. 그것들이 서로 달라붙어 있어 바람이 그 사이로 지나가지 못하는구나. 서로 이어져 붙었으니 능히 나눌 수 없구나.

41:18-21 그것이 재치기를 한즉 빛을 발하고 그것의 눈은 새벽의 눈꺼풀 빛 같으며, 그것의 입에서는 횃불이 나오고 불꽃이 튀어 나오며, 그것의 콧구멍에서는 연기가 나오니 마치 갈대를 태울 때에 솥이 끓는 것과 같구나. 그의 입김은 숯불을 지피며 그의 입은 불길을 뿜는구나.

☞ *새벽의 눈꺼풀*

애굽 상형 문자에서는 새벽 여명을 악어의 눈으로 표현했다. 횃불, 불꽃, 연기, 숯불, 불길의 표현은 리워야단의 난폭하고 강하고 두려운 존재임을 표현한 것이다.

41:22 그것의 힘은 그의 목덜미에 있으니 그 앞에서는 절망만 감돌뿐이구나.

☞ *절망만 감돌뿐이구나*

이는 하나님의 위엄에 직접 직면하지 아니하고서도 하나님이 창조하신 피조물을 통해서도 두려움을 느낄 수밖에 없음을 보여준다. 하물며 하나님의 위엄은 얼마나 크고 두렵겠는가!

41:23-24 그것의 살 껍질은 서로 밀착되어 탄탄하며 움직이지 않는구나. 그것의 가슴은 돌처럼 튼튼하며 맷돌 아래짝 같이 튼튼하구나.

41:25-26 그것이 일어나면 용사라도 두려워하며 달아나리라. 칼이 그에게 꽂혀도 소용이 없고 창이나 투창이나 화살촉도 꽂히지 못하는구나.

41:27-28 그것이 쇠를 지푸라기 같이, 놋을 썩은 나무 같이 여기니, 화살이라도 그것을 물리치지 못하겠고 물맷돌도 그것에게는 겨 같이 되는구나.

☞ *물맷돌*

돌팔매를 뜻한다.

41:29-30 그것은 몽둥이도 지푸라기 같이 여기고 창이 날아오는 소리를 우습게 여기며, 그것의 아래쪽에는 날카로운 토기 조각 같은 것이 달려 있고 그것이 지나갈 때는 진흙 바닥에 도리깨로 친 자국을

남기는구나.

☞ *도리깨*

곡식의 낟알을 뚜드려서 떠는 농기구 중의 하나다.

41:31-34 깊은 물을 솥의 물이 끓음 같게 하며 바다를 기름병 같이 다루는도다. 그것의 뒤에서 빛나는 물줄기가 나오니 그는 깊은 바다를 백발로 만드는구나. 세상에는 그것과 비할 것이 없으니 그것은 두려움이 없는 것으로 지음 받았구나. 그것은 모든 높은 자를 내려다보며 모든 교만한 자들에게 군림하는 왕이니라.

☞ *바다를 기름병 같이*

나일강물을 기름 가마처럼 부글거리게 한다는 뜻이다.

42장. 욥의 회개와 갑절의 복을 받음

42:1-4 욥이 여호와께 대답하여 이르되, 주께서는 못 하실 일이 없사오며 무슨 계획이든지 못 이루실 것이 없는 줄 아오니, 무지한 말로 이치를 가리는 자가 누구니이까? 나는 깨닫지도 못한 일을 말하였고 스스로 알 수도 없고 헤아리기도 어려운 일을 말하였나이다. 내가 말하겠사오니 주는 들으시고 내가 주께 묻겠사오니 주여 내게 알게 하소서.

☞ *못 하실 일이 없사오며*

이는 이 세상 두루 만물을 섭리 통치하시고 하나님의 능력에 대해 의심을 품었던 욥의 고백을 대변해준다.

욥은 일찍이 하나님 앞에서 무지하게 말했던 어리석음을 자백한다. 그는 자신의 무죄를 내세우면서 그 당하는 고난이 억울하다는 의미로 말해 왔던 것이다. 그러나 이제 그는 그것이 하나님에 대한 원망까지는 아니더라도 무지한 말이었음을 뉘우치고 자복한다. 고난이란 사람에게 반드시 그의 어떤 죗값으로만 된 것이 아니라 하나님의 선하신 경륜에 의하여 오기도 한다.

• **요 9:1-3** 예수께서 길을 가실 때에 날 때부터 맹인이 된 사람을 보신지라 제자들이 물어 이르되 랍비여 이 사람이 맹인으로 난 것이 누구의 죄로 인함이오니까? 자기오니까, 그 부모이

오니까? 예수께서 대답하시되 이 사람이나 그 부모의 죄로 인한 것이 아니라 그에게서 하나님이 하시는 일을 나타내고자 하심이니라.

42:5-6 내가 주께 대하여 귀로 듣기만 하였사오나 이제는 눈으로 주를 뵈옵나이다. 그러므로 내가 스스로 거두어들이고 티끌과 재 가운데서 회개하나이다.

☞ *눈으로 주를 뵈옵나이다*

욥의 영적인 눈이 열려 주의 참된 힘과 위대성과 측량할 수 없는 존재이신 하나님을 본다.

지금까지는 이론적이고 관념적으로 하나님을 믿었지만 이제는 체험적이고 영적으로 하나님을 알게 되었다는 뜻이다.

심층탐구
41:1-42:6

우리는 욥기에서 욥과 함께 기나긴 여정을 통하여 이제 욥의 고백으로서 대단원을 마무리한다. 욥은 하나님의 두 번에 걸친 폭풍우 속 말씀들을 통하여 깨달은 바를 최종적으로 드러낸다. 그러나 그의 깨달음은 의인의 고통에 대해 침묵하시는 하나님은 정의로우신가 라는 하나님의 정의에 대한 자신의 본래의 질문에 대한 직접적 해결은 아니었다. 그러나 여전히 그 본래 질문에 대한 충분한 대답이 되었다. 왜냐하면 그는 이전에 하나님에 대하여 미처 알지 못했던 새로운 부분들을 볼 수 있었으며 더 중요한 것은 욥 자신에 대하여 모르고 있었던 가능성을 깨달았기 때문이다. 그 일련의 깨달음이 하나님의 세상 다스림에 대한 근본적 문제의 해결에 이르게 하였다.

하나님은 세상을 향한 당신의 섭리를 이루시는 분이다. 욥의 깨달음 이후 가장 먼저 고백한 말이 바로 "주께서는 못할 일이 없사오며 무슨 계획이든지 못 이루실 것이 없는 줄 아노니"이다. 그런데 그 목적 성취 자체는 하나님의 능력을 전제로 한다. 하나님께서는 못할 일이 없다. 그러나 참 이상한 일이 있다. 그렇게 못할 일이 없는 분이 당신의 섭리 성취를 위해서는 꼭 인간을 부르신다. 하나님께서는 능력으로 직접 행하시기보다는 인간을 통해 이루신다. 왜냐하면 창조 이후 지금까지 하나님께서는 피조물들을 그 중에서도 인간을 하나님의 섭리 성취의 파트너로 부르셨기 때문이다. 결코 홀로로서 행하지 않으신다. 늘 그분의 뜻을 당신의 종들에게 알려주신다. 하나님의 세상 섭리는 일방적이지 않다. 항상 당신의 종들과 의논하시고 초청하시면서 더불어 역사를 이루어 가시는 분이다.

욥은 마침내 하나님의 인도로 인간에 대한 세 가지 깨달음에 도달한다.

첫째, 하나님의 섭리를 파악하기에는 극히 무지한 자라는 사실이다. 일의 성취는 하나님께 있고 그 앞에 서 있는 인간은 오히려 하나님의 뜻을 가릴 뿐이다(42:3 참조).

둘째, 그럼에도 불구하고 인간은 여전히 하나님께 여쭙고 나아가는 자이다(42:4~5 참조).

왜냐하면 하나님께서 그러한 인간을 용납하시기 때문이다. 무지한 말로 하나님의 뜻을 가리었던 욥에게 오히려 하나님을 더 가깝고도 직접적으로 체험되어진다.

귀로 전해 듣는 하나님에서 직접 눈으로 보는 하나님 경험을 고백하고 있기 때문이다. 욥에게는 하나님을 체험함에 있어 분명한 변화가 하나 있다. 그것은 바로 눈과 눈을 맞대고 보듯 하나님과의 대화가 가능하게 되었다는 사실이다. 친구들과의 대화에서 줄곧 욥이 바랐던 것은 하나님과의 대면이요 대화였다(9:35, 13:21~22, 23:3 참조). 욥은 그것의 불가능성으로 인해 한탄하였다(23:8~9 참조).

그러나 폭풍우 속 음성을 통해 깨달은 이후의 욥은 하나님께서 인간의 존재를 당신의 세상 섭리를 위한 대화의 파트너로 세우고 계심을 알게 되었다. 마지막 세 번째로 욥은 자신의 정체성을 새롭게 깨닫게 된다(42:6 참조). 위의 글에서 언급한바 욥의 마지막 말은 티끌과 재 위에서 회개가 아니라 티끌과 재와 같은 인간에 대한 새로운 깨달음이다. 왜냐하면 할 일없이 스러지는 존재가 아니라 오히려 하나님의 초청에 응답하는 존재로서 분명한 인간의 자리를 새롭게 인식 할 수 있었기 때문이다. 사람은 감히 하나님의 뜻을 온전히 인식할 수 없는 미천한 자에 불과하다. 그러나 동시에 그 사람을 불러 하나님의 다스리심을 의논하시고 그 통치 세계의 구체적인 도구로서 서게 하시는 것 또한 사람에게 향하신 하나님의 뜻이다. 욥은 사람이 무엇이기에 라는 질문으로 한탄하다가(7:17 참조) 하나님보다 조금 못하게 하시고 영화와 존귀로 관을 씌우신(시 8:5 참조) 존재로 지음 받았음을 깨닫게 된 것이다.

제15단원
42:7-17

42:7 여호와께서 욥에게 이 말씀을 하신 후에 여호와께서 데만 사람 엘리바스에게 이르시되 내가 너와 네 두 친구에게 노하나니 이는 너희가 나를 가리켜 말한 것이 내 종 욥의 말 같이 옳지 못함이니라.

42:8 그런즉 너희는 수소 일곱과 숫양 일곱을 가지고 내 종 욥에게 가서 너희를 위하여 번제를 드리라. 내 종 욥이 너희를 위하여 기도할 것인즉 내가 그를 기쁘게 받으리니 너희가 우매한 만큼 너희에게 갚지 아니하리라. 이는 너희가 나를 가리켜 말한 것이 내 종 욥의 말 같이 옳지 못함이니라.

☞ *번제를 드리라*

용서와 화해를 구하는 제사를 드리라.

☞ *옳지 못함이니라*

욥에 대한 세 친구의 변론이 그릇되었다는 말이다.
욥의 고난은 죄 때문에 온 것이 아니기 때문이다.

42:9 이에 데만 사람 엘리바스와 수아 사람 빌닷과 나아마 사람 소발이 가서 여호와께서 자기에게 명령하신대로 행하니라. 여호와께서 욥을 기쁘게 받으셨더라.

42:10 욥이 그의 친구들을 위하여 기도할 때 여호와께서 욥의 곤경을 돌이키시고 여호와께서 욥에게 이전 모든 소유보다 갑절이나 주신지라.

42:11 이제 그의 모든 형제와 자매와 이전에 알던 이들이 다 와서 그의 집에서 그와 함께 음식을 먹고 여호와께서 그에게 내리신 모든 재앙에 관하여 그를 위하여 슬퍼하며 위로하고 각각 케쉬타 하나씩과 금 고리 하나씩을 주었더라.

☞ *케쉬타 하나씩과 금고리 하나씩을 주었더라*
화폐와 금 고리는 새로운 우정관계 수립을 의미한다.
친구와의 관계가 정상화 되자 이전에 욥을 떠났던 모든 이웃들과도 관계가 회복되었다.

42:12-15 여호와께서 욥의 말년에 욥에게 처음보다 더 복을 주시니 그가 양 만 사천과 낙타 육천과 소 천 겨리와 암나귀 천을 두었고 또 아들 일곱과 딸 셋을 두었으며, 그가 첫째 딸은 여미마라 이름 하였고 둘째 딸은 긋시아라 이름 하였고 셋째 딸은 게렌합북이라 이름

하였으니, 모든 땅에서 욥의 딸들처럼 아리따운 여자가 없었더라. 그들의 아버지가 그들에게 그들의 오라비들처럼 기업을 주었더라.

욥은 이전에 있었던 소유물들보다 갑절을 얻었고, 자녀들은 이전의 수만큼 다시 얻었다.

42:16-17 그 후에 욥이 백사십 년을 살며 아들과 손자 사 대를 보았고, 욥이 늙어 나이가 차서 죽었더라.

☞ *나이가 차서 죽었더라*

시험을 당할 때의 욥의 나이가 50세쯤이었다면 190세 이상을 살았다고 볼 수 있다.

심층탐구 42:7-17

고난에는 의인이 받는 고난이 있고 악인이 받는 고난이 있다고 성경에서 증언하고 있다. “죄가 있어 매를 맞고 참으면 무슨 칭찬이 있으리요. 그러나 선을 행함으로 고난을 받고 참으면 이는 하나님 앞에 아름다우니라”(벧전 2:20).

욥은 온전하고 정직하여 하나님을 경외하며 악에서 떠난 자라고 사탄 앞에서 하나님으로부터 극찬을 받을 정도의 의인이었다. 이때 사탄은 하나님께 욥의 소유물과 뼈와 살을 치시면 주를 향하여 욕하지 않겠나이까? 라고 말한 후에 하나님의 허락을 받고 욥이 고통을 당하게 된 것이다. 이 사건의 동기는 하나님과 사탄만 알고 있는 것이었다. 욥과 그의 세 친구들은 욥이 고난당하는 이유를 전연 모르고 있는 상황에서 인과응보의 논리로만 욥을 책망하였던 것이다. 욥 자신도 고난 받은 이유를 전연 알 수 없었으나 하나님을 부인하거나 원망하지 않고 끝까지 인내하였다. 결국에 욥의 세 친구들의 주장이 욥의 말 같이 옳지 못하다라고 하나님께서 지적하셨다(42:7 참조). 그리고 여호와께서 욥의 곤경을 돌이키시고 욥에게 이전 모든 소유보다 갑절의 복을 주셨다.(42:10,12 참조). 즉, 욥이 시험을 잘 인내하고 훌륭하게 감당했기에 그에 대한 보상으로 하나님께서 두 배의 소유를 주셨다는 것으로 생각할 수도 있다. 이것이 욥기의 결론이다.

중요한 것은 인과응보 교리 자체의 옳고 그름에 있지 않다. 대신에 인과응보 교리를 통하여 얼마나 하나님의 정의와 이 세상 통치에 대하여 바르게 이해하고 있느냐에 대한 것이다. 7절과 8절에서 공히 하나님께서는 이렇게 최후 판정을 욥과 친구들 사이에 내리신다. 너희가 나를 가리켜 말한 것이 내 종 욥의 말 같이 옳지 못함이니라. 그러면 하나님을 가리켜 말한 것이 친구들과 욥은 각각 어떻게 달랐는가?

결론부터 이야기하자면 친구들은 하나님의 능력을 인간의 교리에 구속하고 예속시켰다. 하나님께서는 이렇게도 하시고 저렇게도 하실 수 있는 전능자이다. 한낱 인간들이 형성한 교리에 갇혀 계신분이 아니다. 천편일률적인 인과응보의 논리를 주장하면 주장할수록 인간은 자신의 세계에 하나님을 가두어 두는 결과를 초래 할뿐이다. 더 나아가서 자신의 신앙체계대로 하나님이 따라와 주기를 원하고 하나님의 주권 찬탈의 심각한 죄를 범하게 된다.

반면에 욥은 하나님의 불가해한 섭리를 끝까지 묻는 자였다. 자신의 실존적 삶이 교리적으로 하나님을 이해하는데 분리되었을 때 묵종이나 새로운 합리화가 아닌 현실적 모습 그대로 하나님 앞에 나아가려고 시도하였다.

그의 새로운 지혜 찾기는 이해할 수 없는 고통의 상황 속에서도 포기하지 아니하고 하나님을 이야기하고 어떤 면에서는 고백하려 했던 그의 신앙적 분투의 노력이다. 최소한 묻고 항변하고 탄식하는 자에게는 하나님께서는 임하셔서 응답해 주신다.

참고도서

- 하나님의 지혜초청과 욥의 깨달음(안근조 지음)
- 주석 성경(정암 박윤선 지음)
- Out of the storm; Grappling with God in the book of Job(Ash christopher)
- The Oxford Study Bible(Revised English Bible with the apocrypha word Biblical commentary)(William L. Rein)
- The Message(Eugene H. Petenson)
- The Moody Bible Commentary
- Holy Bible(New International Version)
- Big Color Family Bible
- The Holy Bible King James

초신자와 평신도를 위한

알기쉬운 욥기 해설

펴낸날 1판 1쇄 2022년 2월 28일

지은이 허량
펴낸이 이환호
편집자 및 표지디자인 박지영

펴낸곳 도서출판 예찬사
등록 1979. 1. 16 제 2018-000103호
주소 경기도 고양시 덕양구 중앙로 557번길 8-9, 엠앤지프라자 407-2호
전화 02-798-0147-8 팩시밀리 031-979-0145
블로그 blog. naver.com/yechansa
이메일 octo0691@naver.com

ISBN 978-89-7439-496-7 03230